식물을 사랑할 때

식물을 사랑할 때

ⓒ 구본근, 2024

초판 1쇄 발행 2024년 8월 20일

지은이   구본근
펴낸이   이기봉
편집   좋은땅 편집팀
펴낸곳   도서출판 좋은땅
주소   서울특별시 마포구 양화로12길 26 지월드빌딩 (서교동 395-7)
전화   02)374-8616~7
팩스   02)374-8614
이메일   gworldbook@naver.com
홈페이지   www.g-world.co.kr

ISBN   979-11-388-3265-6 (03190)

식물을
사랑할 때

구본근 지음

식물은 사람을 치유하는 능력뿐만
아니라 겸손하게도 만들고
위대하게도 만드는 힘이 있다

좋은땅

서문

이 책은 식물에 관한 나의 경험과 생각을 정리한 책이다.

식물전공자는 아니지만 어릴 때부터 식물을 기끼이했고 지금도 식물에 누구보다도 많은 관심을 가지고 있다.

독자들도 읽어 보면 알겠지만 어떤 형식에 얽매이지 않고 나의 생각을 자유롭게 정리한 것이다. 책을 쓰게 된 목적이 있다면 첫째는 더 늦기 전에 어릴 때의 추억을 정리해 보는 것이고, 둘째는 식물과 함께 보내는 시간이 결코 시간낭비가 아니라는 것을 말해 주고 싶어서이다.

과거에 비해 물질적으로 비교할 수 없을 정도로 풍족해졌지만 스스로 불행하고 우울하다고 생각하는 사람들이 너무나 많다.

그들 중에는 세상 사람들이 부러워할 정도로 다 가진 사람들도 많다.

이를 보면 현대사회의 물질적 풍요와 편리함이 잠시 동안의 행복을 가져다줄지언정 영원한 행복을 가져다주지 않는다는 것을 알 수 있다.

'나는 왜 사는가?' 하고 스스로 묻는다면 "행복하기 위해서."라고 답변할 것이다. 삶이 우울하고 불행하다면 왕이 된들, 억만금이 있은들 무슨 소용이 있겠는가?

그래서 나는 우리아이들에게 수학, 영어를 가르치는 것보다 더 중요한 것은 행복하게 사는 법을 가르치는 것이라고 생각한다.

돌이켜 보면 내가 어릴 때 부모님과 산나물을 뜯으러 가거나 약초를 캐

식물을 사랑할 때

러 산을 누볐던 때가 가장 행복했던 시절이었던 것 같다. 그러한 경험 때문인지 지금도 나는 산행을 하거나 식물을 가꾸거나 관찰할 때가 가장 행복하다.

나 같은 경우와는 달리 어릴 때부터 한 번도 자연을 가까이해 본 적이 없는 사람도 많을 것이다. 자연을 경험한 세대라 할지라도 뭐가 그리 바쁜지는 몰라도 자연을 가까이할 수 없는 사람이 많다.

길가에 핀 아름다운 꽃이 아무리 말을 걸어도 눈길 한번 주지 않고 휴대폰만 보고 가는 사람이 부지기수다.

선택은 자유다. 행복과 불행도 본인의 선택이다.

아낌없이 주는 식물이라는 존재를 통해 위안과 치유를 얻어 삶의 활력을 되찾길 바란다.

식물은 사람을 치유하는 능력뿐만 아니라 겸손하게도 만들고 위대하게도 만드는 힘이 있다. 다만 식물은 무관심한 사람이 아닌 끝없는 호기심을 가지고 관찰하는 사람에게 그 비밀을 알려 준다.

요즘 국내 신간 번역서 중에 식물에 관한 책이 유독 많아졌다.

한때는 요리책이 인기 있던 시절이 있었는데 지금은 식물에 관한 책이 인기 있는 시대다. 식물에서 위안을 찾으려는 사람이 그만큼 많아졌다는 증거다.

목차

4___춘천으로 귀농

5___인간과 자연에 대하여

6 ___ 신비한 식물들

7 ___ 내가 꿈꾸는 정원

8___모든 길은 식물로 통한다

1.

영원한
감물리 촌놈

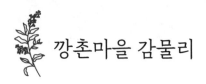

깡촌마을 감물리

나는 지금도 시골길을 가다 감나무나 복숭아나무를 보면 부모님과 내가 자란 고향마을이 생각난다. 감나무와 복숭아나무에는 흑백사진 필름처럼 어릴 때의 추억이 고스란히 담겨 있는 것 같다. 세월이 지나 이제 잊을 법도 한데 어릴 때 자주 보던 친숙한 식물을 보기만 해도 옛날 추억이 생각나니 식물은 묘한 데가 있는 것 같다.

나는 밀양에서도 깡촌으로 소문난 단장면 감물리 출신이다. 초등학교 졸업 때까지는 밀양 읍내에 한 번도 나가 본 일이 없었다. 교통이 불편하고 멀어서 갈 수 없었다. 초등학교 졸업 후 집에서 20리 떨어진 홍제중학교에 진학했다. 10여 리 산길을 걸어서 버스를 탄 후 10리 길을 더 가야 했기 때문에 통학을 할 수 없었다. 나와 같은 처지의 감물리 출신 학생들은 연탄불과 석유곤로불로 밥을 지어 먹으면서 3년 내내 자취를 해야 했다.

보통은 일요일 오후에 학교 앞에 있는 자취방으로 가서 월요일 등교를 했다. 어쩌다가 시골집에서 월요일 새벽에 일어나 학교 가는 날이면 10리 길을 걸어가서 버스를 타야 했다. 그럴 때마다 버스 안에서 한바탕 큰 소동이 벌어졌다. 버스 안내양과 운전기사는 학생들에게 안쪽으로 더 들어가라고 소리치고 안쪽에 있는 학생들은 숨 막혀 죽는다고 소리쳤다. 버스에서 내려 일주일 동안 먹을 반찬을 담은 플라스틱 김치통을 확인해 보면 김칫국물이 쏟아져 냄새가 진동하는 일이 비일비재 했다. 비좁은 버스 안에서 밀고 밀리는 과정에서 그렇게 된 것이다.

중학교 입학 이후 타지 학생들에게 감물리 출신이라고 하면 "와! 니 가무이 사나?" 하며 놀라운 표정을 짓는다. '가무이'는 경상도 말로 '감물리'를 발음하기 어려워 대충 소리 나는 대로 부르는 말이다. 그래서 촌놈이라고 무시당하지 않으려 상대방이 물어보지 않으면 굳이 감물리 출신이라는 말을 입 밖에 꺼내지 않았다. 행색도 꾀죄죄한 데다 촌골짝 출신이라는 것을 굳이 광고할 필요가 없었다. 옛날부터 밀양 사람들의 입에 오르내리던 밀양의 3대 오지 마을이 있다. '일 바드리', '이 오치마을', '삼 감물리'다.

감물리는 랭킹 3위 안에 들어가는 산골짝이다.

가장 근거리에 있는 삼랑진 장에 가려면 20리 길 이상을 걸어가야 했다. 왕복 40리 길이다. 우리 부모님들은 장에 한 번 가려면 직접 재배한 농산물이나 산에서 채취한 산나물 등 장거리를 이고 지고 먼 길을 걸어서 오가야 했다.

시골 사람들에게는 장에 가든 산에 가든 들에 가든 걸어야 하니 걷는 일이 삶의 전부라 해도 과언이 아니었다. 걸을 일이 없는 요즘과는 너무 대조적인 삶이었다.

당시 밀양 감물리는 조선시대 지리학자 이중환의『택리지』에서 제시한 이상적인 4가지 주거지 조건인 지리, 생리, 인심, 산수 중에 지리적 조건만큼은 최악이었다. 난리를 피해 숨은 자들이나 세상을 등진 은둔자들이 딱 좋아할 만한 곳이었다.

세월이 흘러 지금의 감물리는 사정이 많이 달라졌다. 도로 사정도 좋아졌고 다랭이논으로 꽤 유명한 곳이 되었다. 블로그에 '밀양 감물리'로 검색해 보면 다랭이논 풍경 사진이 많이 나온다. 스마트폰 영향이 크다. 옛날에 찍은 흑백사진이라도 있으면 좋았을 텐데 카메라가 귀한 시절이라 사진이 없다. 지금의 다랭이논 규모는 옛날에 비해 1/10 정도로 줄었다. 그러니 내가 어릴 때의 다랭이논 모습이 그대로 남아 있다면 밀양 제1경의 관광지가 되고도 남았을 것이다. 밀양 8경 중 하나인 만어사 운해를 감상할 수 있는 만어사는 바로 마을 뒷산과 연결되어 있어 1시간이면 충분히 걸어서 갈 수 있는 거리다.

삼랑진에서 해발 600미터의 큰 고개를 넘어 감물리 저수지를 지나 단장면 안법으로 이어지는 산길 도로는 경사가 심하고 경관이 아름다워 라이딩 코스로 소문난 곳이다. 일제시대 때 축조된 감물리 저수지는 한반도 지도 모양과 닮았다. 그 저수지를 중심으로 구기, 중리, 용소, 점골, 죽봉, 당고개 6개의 마을이 사방으로 뚝뚝 떨어져 산 아래 마을을 이루고 있었다. 내가 살던 마을은 저수지 둑과 가까운 곳으로 20여 가구가 띄엄띄엄 있었다. 감물리 초등학교를 다녔는데 나는 1978년 졸업한 11회 졸업생이었다. 정확한 기억은 아니지만 35명 한 반이 졸업생의 전부였다.

45년의 세월이 지난 지금은 승용차로 부산, 대구, 창원, 김해, 울산을 40여 분 내에 도달할 수 있을 만큼 교통이 좋아졌다. 사방이 산으로 둘러싸인 분지로 조용하고 공기가 맑아 외지에서 들어온 사람도 많아졌다.

고등학교는 밀양 읍내 가곡동에 있는 세종고등학교를 다녔다. 내 친구는 나를 컨트리 보이(country boy)라고 불렀다. 졸업 후 육군에 입대해 30개월간 군복무를 마치고 나는 서울에 있는 대학으로 진학했다. 그때부터

식물을 사랑할 때

감물리 촌놈의 서울 생활이 시작되었다. 촌놈 출신에 군대까지 갔다 왔으니 두려울 게 없었다. 당시 또래 초등학교 친구들 중에는 중학교만 졸업하고 취업을 위해 부산 등 도회지로 가는 이도 있었다. 공부를 잘하는 학생 중에 인문계 고등학교보다 공고나 농고를 가는 학생도 많았고 고등학교를 졸업하면 대부분 취업을 했다.

나는 군대를 제대한 후 서울로 대학을 갔다. 아무런 연고도 없었고, 가본 적도 없는 곳이었지만 군 생활을 하면서 서울에서 대학을 다니다 입대한 선후배들을 보고 자극을 받아 나도 군 제대 후 서울로 가야겠다는 결심을 했다.

서울에서 생고생을 하면서 대학과 대학원을 힘들게 졸업하고 취업을 했다. 50대 중반까지 23년간 다니던 직장에서 명퇴를 하고 춘천으로 나홀로 귀농을 했다. 춘천 박사마을에서 4년간의 귀농생활은 어릴 때의 추억을 되돌아보는 계기가 되었다.

어릴 때의 일은 40~50년 전의 일이 되었다. 이제 부모님도 돌아가셨고, 이웃 어른들도 모두 돌아가셨다. "인생은 초로 같고, 세월은 유수 같다."는 말이 새삼 실감이 난다. 부모님과 형제, 동네 아이들과 함께 일하고 뛰놀던 고향 마을의 집과 마당, 논과 밭, 산과 개울, 저수지 곳곳이 그립다.

춘천에서 농사일과 식물을 가꾸면서 내가 식물을 좋아하게 된 근원을 찾아 가족과 함께했던 일과 자연 속에서 뛰놀던 옛일들을 하나하나 회상해 본다.

어떤 일은 어제 일 같이 생생하고 어떤 일은 희미하게 기억나는 것도 있다.

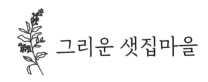

그리운 샛집마을

내가 태어난 고향마을은 대부분 샛집과 돌담으로 이뤄진 산골짜기 마을이었다. 전기가 없어 호롱불을 켜고 살았고 초등학교를 졸업할 때까지 검정고무신을 신고 다녔다. 명절 때 부모님이 새 검정고무신을 사 주시면 잠잘 때 품에 안고 잤을 정도로 기뻐했다. 지금은 아파트 신발장에 메이커 신발이 넘쳐나는데도 검정고무신 한 켤레를 받았을 때의 그 행복감은 느낄 수 없다.

초등학교 6학년쯤 슬레이트 지붕으로 바뀌기 전까지만 해도 억새풀로 만든 지붕의 샛집이거나 볏짚으로 엮은 초가집에서 살았다. 볏짚은 벼 수확 후 손쉽게 구할 수 있었지만 억새를 구하려면 품이 많이 들었다. 샛집은 주변에 억새가 자라는 산간 지역에서나 볼 수 있는 가옥 형태다. 지금도 밀양 사자평에는 억새 축제가 열린다. 사자평 억새평원은 밀양 8경 중하나다. 우리 마을 뒷산도 해발 600미터가 넘는 산이어서 억새풀이 많았다. 겨울 농한기가 되면 억새를 베어 단으로 묶어 지게로 먼 산에서 운반해 왔다. 마을 사람들이 모여 지붕 교체 작업을 품앗이로 돌아가면서 했다. 샛집이나 초가지붕에서 가장 중요한 것은 지붕마루를 덮는 용바람(용마름)이다. 용바람을 잘 엮어서 튼튼하게 마무리해야 비가 새거나 지붕이

　　　　　　　　　　　　　　식물을 사랑할 때

바람에 날려가는 것을 막을 수 있다.

나는 지금도 아버지와 동네 사람들이 모여 억새와 짚을 사용해 새이엉 잇기와 용바람 잇기를 한 다음 지붕 위에 아래서부터 이엉을 얹고 마지막으로 용바람을 올리는 작업을 하시던 모습이 눈에 선하다.

초가집은 여름 장마철에 비를 맞으면 빨리 썩기 때문에 매년 지붕을 교체해야 하는 수고로움이 있다. 1년만 지나도 썩은 지붕에서 굼벵이가 나와 마당에 떨어지기도 한다. 반면에 샛집은 내구성이 좋다. 한 번 제대로 하면 10년은 간다. 가성비로 따지자면 샛집이 좋다.

나지막한 돌담으로 둘러싸인 샛집이나 초가집은 사람의 마음을 언제나 편안하고 포근하게 감싸 준다. 시골의 집과 돌담은 자연스러운 곡선미가 있고 감성을 자아내는 힘이 있다. 시골 인심처럼 소박하고 넉넉하다. 지나가는 낯선 길손에게 꽁보리밥이라도 한술 대접하는 여유가 있었다. 시골집의 정겨운 풍경은 지금도 눈에 선하다.

우리 집은 5형제들로 항상 시끌벅적했다.

쇠죽을 끓이던 가마솥 아궁이 숯불에는 고구마가 익어 가고, 토종닭은 병아리를 데리고 마당에 한가롭게 모이를 쪼고, 외양간의 소는 콧김을 내뿜으며 쇠죽을 맛있게 먹고, 굴뚝에서 연기가 모락모락 피어올랐다.

가을이 되면 샛집 지붕 위로 뻗은 감나무 가지에 주렁주렁 매달린 감이 익어 갔고 겨울에도 까치밥으로 남겨진 홍시가 몇 개씩은 달려 있었다.

이제는 볼 수 없는 그 시절의 샛집 풍경이 그립다.

일본의 유명한 관광지 중의 하나인 동화 속 마을 같은 '시라카와고'는 우리의 전통 샛집과는 가옥의 형태는 다르지만 일본식 샛집가옥을 보존해 유네스코 세계문화유산으로 등재된 곳이다.

전통가옥이 잘 보존되어 있는 전남 순천 낙안읍성에도 초가집은 많지만 샛집은 보지 못했다. 다랭이논으로 유명한 내 고향 밀양 감물리도 샛집을 복원하고 다랭이논 경관을 제대로 되살리는 프로젝트를 추진한다면 유명한 관광지가 되고도 남을 것이다.

매년 억새축제가 열리는 서울 상암동 하늘공원에 샛집이라도 한 채 있었으면 좋겠다.

식물을 사랑할 때

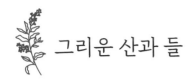

그리운 산과 들

아버지가 모내기를 위해 논에서 쟁기질을 할 때면 철쭉꽃이 산야를 붉게 물들인다. 24절기 중 소만이 지나면 모내기가 시작되는데 소만 전후로 철쭉꽃이 필 때면 농부들은 쟁기질하느라 바쁘다.

누가 감독하거나 시키는 사람이 없어도 24절기에 따라 농사일을 시작하고 마쳐야 하기 때문이다. 농번기가 본격적으로 시작되면 농부도 바쁘고 소도 바빠진다.

아버지가 쟁기질을 하면서 소에게 "이랴이랴, 자라자라, 워워, 어디로." 하고 외치면 소는 척척 알아먹는다. 농부와 소는 한 팀이 되어야 하고 요즘 말로 케미가 잘 맞아야 일이 수월하게 진행된다. "이랴이랴"는 "앞으로 앞으로", "워워"는 "멈춰멈춰", "어디로"는 "돌아라"라는 말이다.

"자라자라"는 말은 "좌로좌로"라는 뜻인지 확실치는 않다. 쟁기질 소리는 언제 시작된 말인지 모르지만 농부들이 소와 소통하는 공통어가 되었다. 요즘은 개와 고양이가 반려동물이지만 시골 농부들에게 소가 최고의 일꾼이자 반려동물이었다.

아버지의 쟁기질 소리가 조용한 산골짜기에 울려 퍼질 때면 나는 아버지 심부름으로 시골 점방에 가서 외상으로 탁주 한 주전자를 사가지고 왔다.

쟁기질은 힘든 노동이기 때문에 탁주는 허기를 달래는 간식이자 기운을 나게 하는 에너지 음료였다. 가끔 힘들어하는 소에게도 탁주를 먹이곤 했다. 농사철이 되면 누룩으로 진한 농주를 담는 집도 많았다. 아버지는 해가 질 무렵이 되어야 소를 데리고 집으로 돌아왔다.

천수답은 비가 와야 논에 물을 잡을 수 있었다. 봄 가뭄이 들면 농부들의 마음고생도 이만저만이 아니었다. 망종까지 보리타작을 끝내고 소서가 되기 전까지 늦모심기를 마쳐야 한숨을 돌리는데 모내기가 늦어지면 그만큼 벼의 생육에 차이가 나고 쌀 소출이 줄어들기 때문에 농부들이 조바심을 내는 것이다.

입하 때부터 울기 시작한 개구리는 모내기가 끝난 여름밤에는 산골짜기가 떠나갈 정도로 울어댄다.

그런데 신기하게도 개구리 소리는 도시의 소음처럼 귀에 거슬리지 않는다. 오히려 정겹게 들리고 타지에 나가 있으면 시골에서 울던 개구리 소리가 그리워지기까지 한다. 농사철 밤이 되면 시골 농부들은 개구리 노랫소리를 자장가 삼아 코를 골며 깊은 잠에 빠져든다.

겨울밤에는 나뭇가지 사이를 휘몰아쳐 문풍지를 요란하게 흔들고 지나가는 거친 바람 소리와 함께 저수지의 얼음이 갈라지는 소리가 들렸다. 저수지 건너편 포플러나무 숲에서 들려오는 수리부엉이 소리가 들리면 무서워서 이불속으로 숨어들기도 했다. 물을 좋아하는 포플러나무는 일제시대 때 저수지 공사를 하면서 심은 나무다. 저수지 바로 옆에 '뚱띠산'이라는 뱃살이 불룩 나온 듯한 모래 산이 있었는데 척박한 땅이었다. 그곳에는 조림용으로 심은 오리나무, 아까시나무, 리기다소나무가 많았다. 질소 고정능력이 뛰어난 오리나무와 아까시나무는 척박한 땅에서 잘 자라는 나무다.

초등학교와 중학교를 다니던 1970년대에는 겨울이 춥고 매웠다. 아침에 물기가 있는 손가락으로 문고리를 잡으면 손가락이 문고리에 쩍쩍 달라붙을 정도였다. 마을 앞 큰 저수지의 얼음이 응달에는 1미터가량 두껍게 얼었다. 뒷산 응달에서 흘러내리는 산골짜기 개울물은 12월에 얼기 시작해 다음 해 2월 말이나 3월 초가 되어서야 겨우 녹았다.

가난했던 우리 집은 부모님이 약간의 벼농사와 밭농사를 하시면서 틈나는 대로 산에서 산나물과 약초를 채취해 5일장 장마당에 내다 팔았다. 나는 논농사 일과 밭농사 일을 하시는 부모님을 도왔다. 소를 먹이러 산에 가거나 땔감용 나무를 하러 산에 가기도 했다. 산나물과 약초를 캐러 부모님을 따라 산을 누비던 일이 많았다. 해가 지면 희미한 호롱불 아래서 어머니는 바느질을 하고 아버지는 새끼를 꼬거나 약초를 손질했다.

2.

시골은
호기심 천국

전기가 없었던 시골의 밤

내가 살던 시골 마을은 오랫동안 호롱불을 켜고 살았다. 좁은 방에 책상이 있을 리도 없었고 방바닥에 배를 깔고 누워서 책을 보다가 호롱불에 머리카락을 태워 먹기 일쑤였다. 호롱불 앞에서 꾸벅꾸벅 졸면 머리카락이 호롱불에 닿아 지지직 소리가 들렸다. 전기가 들어온 것은 초등학교 졸업할 무렵이었다.

적막한 밤이 되면 문밖에서 들리는 소리 하나하나에 귀를 기울이게 된다.

초저녁부터 멀리서 들려오는 개 짖는 소리와 영락없이 새벽을 깨우는 닭 울음소리가 들리고, 바람 소리, 빗소리, 소쩍새·쏙독새·검은등뻐꾸기·고라니·수리부엉이·개구리 우는 소리가 들린다.

대금 소리처럼 때로는 처량하게, 때로는 정겹게도 들린다.

전기가 없던 시절, 은은하고 환한 달빛은 가로등 불빛과는 비교할 수 없을 정도로 아름답다. 담장이 있는 고요한 시골집 마당을 거닐며 달빛을 감상하는 것만큼 로맨틱한 느낌은 없다. 별이 쏟아지는 그믐밤은 더없이 아름답다. 보름달에서 그믐달에 가까울수록 밤하늘에는 별이 영롱하게 빛난다.

겨울이 되면 뿌연 유리창의 먼지를 닦은 것처럼 밤하늘의 별이 더욱 선

식물을 사랑할 때

명하게 보였다. 은하수와 북극성, 북두칠성, 오리온, 카시오페이아, 큰곰자리, 작은곰자리 등 무수한 별들이 초롱초롱하게 보였지만 별에 대한 지식이 있는 사람은 아무도 없었다. 똥바가지처럼 생긴 북두칠성을 제외하고는 아는 별이 없었다. 가까운 별끼리 선을 그어 보는 정도였다. 고개를 뒤로 젖히고 한동안 밤하늘을 보고 있으면 별똥별이 대각선을 그리며 떨어지는 것이 보였다.

여름밤이 되면 풀벌레 소리가 요란하고 반딧불이도 어둠 속에 허공을 헤엄치듯 날아다녔다.

지금은 반딧불이를 보는 것도 힘들지만 옛날에는 흔하게 볼 수 있었다. 전깃불로 인한 빛 공해 때문에 별보기는 점점 어려워졌다.

요즘도 별이 보고 싶을 땐 그때처럼 깜깜한 밤이 그립다.

돌이켜 보면 별을 가장 많이 봤을 때가 호롱불을 켜던 유년 시절이었다.

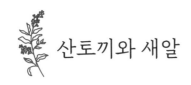

산토끼와 새알

한번은 어느 봄날 어머니와 함께 참꽃(진달래꽃)을 따러 집에서 꽤 떨어진 뒷산에 갔었다. 참꽃은 배고플 때 생으로 먹기도 하고 화전을 부칠 때 포인트로 넣기도 한다. 아마 그날은 꽃술을 담그기 위해 따러 간 것 같다. 꽃을 따는 중에 어린 산토끼 새끼를 발견하고는 얼떨결에 도망가는 산토끼를 잡았다. 산토끼는 아무리 어린 새끼라고 해도 집토끼와는 비교할 수 없을 만큼 날쌔다.

나는 너무나 뿌듯해하면서 비료 포대에 넣어서 집에 데려왔다. 작은 뚜껑을 위에서 열고 닫을 수 있는 나무상자에 가두어 먹이를 주었는데, 내가 보지 않을 때만 먹었다. 집토끼는 먹이를 주면 맛있게 받아먹지만 산토끼는 집토끼가 제일 좋아하는 왕고들빼기를 주어도 내가 볼 때는 먹지 않았다. 먹이를 줄 때마다 사람이 두려운 것인지, 달아날 궁리를 하는 것인지, 좁은 상자 안에서 거칠게 날뛰기만 했다. 밤에 먹었는지 다음날 보면 먹이는 깨끗이 없어졌다. 몇 개월이 지나 제법 덩치가 커졌을 때였다.

나는 너무나 궁금한 나머지 산토끼의 귀를 조심스럽게 잡고 상자 밖으로 끄집어내, '이제 적응이 됐겠지.' 하면서 귀를 놓는 순간 쏜살같이 달아나 버렸다. 나는 그때 야생동물은 쉽게 길들여지지 않는다는 것을 알았다. 지금도 진달래꽃을 보면 산토끼를 잡았던 그날이 생각난다.

또 한번은 어머니와 산나물을 캐러 가서 누룩뱀이 새알을 훔치려는 것을 보았다. 시골에서 새알을 발견하는 것은 흔한 일이다. 그날따라 새가 덤불 속에서 안절부절못하면서 울부짖기에 가서 살펴보니 누룩뱀이 새알을 훔치기 위해 새둥지를 향해 나무를 타고 올라가고 있었다.

누룩뱀은 기분 나쁘게 생겼지만 독이 없는 뱀이라 나무꼬챙이로 쫓아 버리고 새둥지 안을 보았더니 보석처럼 빛나는 파란 새알이 몇 개 있었다. 새알이 그토록 아름다울 수가 있는지, 나중에 알고 보니 뱁새 또는 비비새라 불리는 붉은머리오목눈이의 알이었다. 뱁새알은 시골에서 흔히 보는 딱새, 박새, 할미새의 알보다 훨씬 아름답다.

나는 뱁새알의 신비로운 색을 지금도 잊을 수 없다.

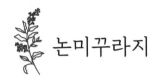

논미꾸라지

봄이나 여름과는 달리 벼 수확기에 가을비가 오는 날이면 농부들은 농사일을 할 수 없다.

그럴 때면 아버지는 나를 데리고 벼가 익어 가는 논이나 벼 수확을 막 끝낸 논을 찾아다니며 미꾸라지 잡는 법을 가르쳐 주셨다. 나에겐 물고기를 잡는 것 자체가 너무나 신나고 즐거운 일이었다.

논미꾸라지는 '논도구'의 진흙 속에 숨어 있기 때문에 미꾸라지가 나올 만한 논도구를 찾아야 한다. '논도구'란 늦가을 벼 수확을 위해 논바닥에 고인 물을 빼기 위해 도랑처럼 낸 물길이다. 논바닥에 고인 물이 흘러 빠져나가도록 작은 도랑을 내는 것을 경상도에서는 '도구치다'라고 한다. 논바닥에 물이 질척질척하면 벼를 베기도 힘들고 벤 벼를 볏짚째 논바닥에 늘어 말리기도 힘들기 때문에 벼를 베기 전에 물을 빼서 논바닥이 마르게 해야 한다.

미꾸라지는 논 뒷구석에 물이 사계절 마르지 않은 논에 주로 있다.

미꾸라지를 잡는 방법은, 도구의 양옆을 진흙으로 물길을 막은 다음, 가운데 고인 물을 바가지로 퍼내야 한다. 그런 다음 바닥의 진흙을 끌어내 펼쳐보면 진흙 속에 숨어 있는 손가락 굵기의 누런 미꾸라지가 나온다.

식물을 사랑할 때

논미꾸라지는 물이 흐르는 개울에 사는 검은색의 미꾸라지와는 달리 누런색이 감돈다. 여름 내내 논물에 있던 모기 유충을 닥치는 대로 먹어 치운 살찐 미꾸라지가 논도구에 모여 뻘 속에 숨어 있는 것이다. 논에서 잡은 미꾸라지로 만든 추어탕은 최고의 맛과 향을 내기 때문에 양식 미꾸라지로 만든 추어탕과는 비교가 되지 않는다.

그 이유가 무엇 때문일까?

그 비밀은 옛날부터 내려오던 전통 벼농사 법에 있는 게 아닐까 생각한다.

전통 농법대로 벼농사를 지으려면 농부들이 모내기를 하기까지 많은 힘든 과정을 거쳐야 한다. 그래서 시골 농부들은 골병이 들 수밖에 없었다.

과거 시골 벼농사의 가장 큰 특징은 쟁기로 아시갈이를 하고 난 뒤, 논에 물을 대고 거름 대신에 산에서 참나무, 개옻나무 잎 등 햇순을 베어다 물이 채워진 논에 뿌렸다. 한 달 정도 지나면 물에 잠긴 나뭇잎에서 커피색 같은 검은 물이 우러나오게 되는데, 논물 전체가 시꺼멓게 변한다. 다시 쟁기로 논을 갈아엎어 나뭇잎이 토양에 골고루 섞이게 한 후 써레질을 하면 모내기에 알맞은 상태가 된다. 나뭇잎을 넣은 논의 진흙은 썩은 나뭇잎 냄새가 나는데, 이런 논에는 유독 올챙이와 모기 유충이 많았던 기억이 난다.

풍부한 모기 유충은 미꾸라지의 먹이가 되므로 풀잎을 썰어 넣은 논은 미꾸라지가 자랄 수 있는 최고의 서식지가 되지 않았겠냐는 것이다.

지금도 아버지와 논미꾸라지를 잡던 시절이 생각난다. 다시 그 시절처럼 논미꾸라지를 잡아 보고 싶지만 지금은 농사방식이 옛날과 다르고 미꾸라지를 잡던 논은 농사를 짓지 않아 묵논이 된 지 오래여서 잡목만 무성하다.

그 시절의 시골 풍경을 노래한 최수일 시인의 〈논밥〉이라는 시를 읽으며 무논에 풀을 베어 넣던 아버지의 모습을 그려 본다.

식물을 사랑할 때

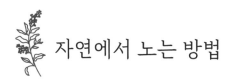

자연에서 노는 방법

나의 어린 시절을 되돌아보면 학교 수업 시간 공부 외에는 공부라는 것을 해 본 기억이 없다. 글공부를 하는 양반 마을이라면 모를까 내가 살던 산골 마을에는 공부를 하는 사람이 없었기 때문에 낮에 농사일을 하지 않고 공부를 하는 게 오히려 이상했을 정도다. 농사일이 없으면 동네 아이들과 어울려 산과 들, 개울과 논밭에서 맘껏 뛰놀며 자랐다. 힘든 농사일은 부모님이 하시고, 자식들에겐 수월한 일만 시켰다. 나는 그때 시골 곳곳에서 경험한 일들을 사진처럼 기억 속에 간직하고 있다. 부모님은 제발 호작질이나 저지리를 하지 말라며 신신당부를 하고 혼도 내지만 말을 들을 내가 아니었다.

시골에서는 요즘 부모들처럼 아이들과 함께 놀아주는 일은 없었다. 부모님들이 농사일로 바쁘기도 했지만 아이들은 아이들끼리 어울려 노는 것을 좋아했고 아이들의 세상에 어른들이 낄 여지도 없었다. 그땐 부모님이 같이 놀아준다고 하면 아이들이 기겁을 할 정도로 반대했을 것이다.

또 아이들은 노는 데 필요한 게임의 규칙과 각종 놀이도구를 직접 만들었고 부모님에게 만들어달라고 졸라대는 아이도 없었다. 놀이게임은 오징어놀이, 술래잡기 등 수없이 많았고 장난감 같은 놀이도구인 썰매, 팽이, 수수깡안경, 보리피리, 버들피리, 딱총, 새총을 만들고 사용하는 방법에 대해서도 동네 형들이나 또래들에게 배워서 만들었다.

시골 아이들은 혼자서 노는 일이 거의 없었다. 동네 또래들과 항상 어울려 다니느라 부모님이 저녁을 먹으러 오라고 소리쳐 부를 때까지 해가 지는 줄도 모르고 놀았다. 겨울이면 밤에 꽁꽁 얼어붙은 논바닥에서 모닥불을 피우거나 빈 깡통에 구멍을 뚫어 쥐불놀이를 하면서 놀았다.

소를 먹이러 뒷산에 가면 소를 산에 풀어놓고는 아이들끼리 모여 머루나 다래를 따러 덩굴을 헤집고 다니거나 심심하면 바위 굴속을 탐험하거나 나무에 올라가기도 했다.

그래도 남녀기 함께할 수 있는 가장 인기 있는 놀이는 '찬깨'라고 하는 공깃돌 놀이, 고무줄놀이, 쎄쎄쎄, 숨바꼭질 같은 놀이였다.

쎄쎄쎄 하면 아직도 영화의 한 장면처럼 생각나는 게 있다. 삼랑진과 낙동강이 한눈에 들어오는 만어산 '나분들'이란 산마루에서 했던 '쎄쎄쎄' 놀이였다. '쎄쎄쎄' 송으로 가장 인기 있던 노래는 〈푸른 하늘 은하수〉, 〈아침바람 찬바람에〉, 〈가을이라 가을바람〉 같은 노래였다. 소들이 방울 소리를 내며 한가롭게 풀을 뜯고 있는 사이 아이들은 신나게 노래를 부르면서 손뼉치기 놀이를 했다.

해발 500미터쯤 되는 만어산 나분들은 아이들이 놀기에 좋을 정도로 평평한 풀밭이었는데 전망이 너무나 아름다운 곳이었다. 해거름답이 되면 시원한 바람을 마주하며 멀리 굽이쳐 흐르는 낙동강 위로 붉게 물든 저녁노을을 보노라면 '시베리안 히스테리'에 빠질 만큼 그야말로 환상적이었다. 시베리안 히스테리란 농부들이 시베리아 벌판의 황홀한 저녁노을을 보고 넋이 나간 나머지 저녁노을을 쫓아가다 늑대의 밥이 된다는 이야기

식물을 사랑할 때

다. 지금의 아이들도 당시 내가 경험했던 것과 같은 경험을 한다면 평생 잊을 수 없을 것이다.

산에 가면 위험한 일도 많았다. 독사에 물리거나 벌에 쏘이는 일이다. 동네마다 몇 명씩 독사에 물리기는 했지만 자주 일어나는 일은 아니었다. 대신 벌에 쏘이는 일은 많았다. 특히 땅속에 크고 둥근 벌집을 지어놓고 사는 땅벌집을 밟으면 식겁을 한다.

땅벌은 숫자가 워낙 많아 앞서가던 아이가 벌집을 잘못 밟으면 벌집에서 나온 땅벌은 뒤에 오는 아이들에게 인해전술로 공격한다. 심지어 머리카락 속이나 옷 속까지 파고들어 계속 쏘기 때문에 여자아이들은 울면서 소리를 지르는 경우가 많았다.

땅벌 집은 오소리가 아주 좋아하는 먹거리다. 피하지방이 두꺼운 오소리는 벌이 아무리 쏘아도 까딱도 하지 않고 오히려 시원해한다는 얘기도 있다. 오소리에게 벌집을 잃은 벌들은 잔뜩 화가 나 있기 때문에 사람이 잘 못 건드리면 집중 공격을 한다.

그런데 아이들도 벌에 쏘이면 가만히 있지 않았다. 약이 오른 아이들도 땅벌집 위에 불을 지르고 벌에 쏘여 가면서도 벌집을 파내어 원시인처럼 꿈틀거리는 애벌레를 먹기도 했다. 어떤 아이들은 애벌레를 끄집어내어 벌에 쏘인 상처 위에 문질러 바르기도 했다. 시골 아이들은 자연과 맞서 거칠게 싸우는 법을 어릴 때부터 놀이를 통해 배웠다.

폭설이 내린 다음 날이면 천지가 하얀 설국으로 변했다. 개를 데리고 족제비 발자국을 따라가거나 산토끼를 잡으러 산을 헤매기도 했지만 아이들에게 잡힐 만큼 어리숙한 산토끼는 없었다.

지난날을 되돌아보니 자연 속에서 뛰놀던 시절이 가장 행복했던 것 같다. 유년기의 행복한 추억을 간직하는 것은 돈으로 살 수 없는, 그리고 결코 사라지지 않는 희망의 씨앗을 간직하는 것인지도 모른다. 마음속에 있는 희망의 씨앗은 절망 가운데서도 세상을 긍정적으로 바라보게 해 주는 힘이라고 믿는다.

식물을 사랑할 때

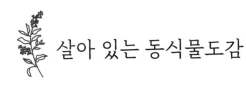 살아 있는 동식물도감

봄에는 찔레순과 국수나무순을 꺾어 먹기도 하고, 물이 오른 소나무 가지를 꺾어 송기(소나무껍질)를 벗겨 먹기도 했는데 특유의 소나무 향기에 단맛이 난다. 묘지 부근이나 들판에 있는 연한 피기('삘기'의 경상도 방언)와 고산지대에 많은 새피기('억새'의 경상도 방언)의 순을 뽑아먹기도 하고 더덕, 잔대를 캐먹기도 했다. 유월이 되면 줄딸기가 많아서 먹거리가 풍부했다. 간혹 줄딸기 덩굴 아래서 독사가 나오기도 했지만 시골 아이들은 자주 겪는 일이라 대부분 무덤덤했다. 가을이 되면 다래가 홍시처럼 몰랑몰랑해지고 머루도 까맣게 익어 갔다. 개암 열매가 제법 굵어지고 딱딱해지면 돌로 찧어 씨앗을 까먹기도 했다.

망개 열매도 먹거리 중 하나였는데 여름에는 풋열매를 먹었고, 겨울에는 빨갛게 익은 마른 열매를 먹었다. 망개나무는 잎, 뿌리 등 버릴 게 없는 약초나무다. 겨울에는 신맛이 나는 빨간 가막살나무 열매와 한겨울에 떫은맛이 어느 정도 빠진 고욤나무 열매도 많이 먹었다. 껌이 귀했던 시절 덜 익은 밀알을 씹으면 글루텐 때문에 껌처럼 쫀득쫀득했다. 청가시덩굴 풋열매도 껍질을 벗기면 하얀 막 같은 부분이 나오는데 씹으면 껌처럼 쫀득했다.

아이들도 웬만한 산나물과 식용 열매 정도는 알았다. 두릅순, 고사리, 고비나물, 취나물을 채취해 집에 가져갔다. 가을이 되면 약이 오른 빨간 초피나무 열매와 산초 기름을 짜는 데 쓰이는 산초나무 열매, 붉나무 벌레집인 오배자를 따서 집에 가져가기도 했다. 초피나무와 산초나무 열매는 꼬투리째 따서 말리면 까만 씨앗이 나오는데 초피나무는 씨앗을 감싼 껍질을 향신료로 쓰고, 산초나무는 열매껍질은 버리고 씨앗만 골라 기름을 짜서 약용으로 사용했다. 산초 기름으로 구운 산초 두부구이는 최상의 요리 중에 하나다. 산초나무 열매껍질도 약으로 사용할 수 있지만 산초 기름만으로도 충분했다.

새총을 만들어 새를 잡으러 가기도 했는데 사촌형은 새총의 명사수로 하루에도 몇 마리씩 잡기도 했다. 나도 소 뒷걸음질하다 쥐 잡는 격으로 참새 한 마리를 잡은 적이 있다. 새총은 쥐똥나무나 가막살나무 가지를 잘라 불에 살짝 구워 좌우균형을 맞추었다. 고무줄이 필요한데 탄성이 좋은 노란색 기저귀 고무줄이 제격이었다. 돌을 장전하는 부분은 신다 버린 구두 가죽을 잘라 사용했다.

또 개울에 가서 가재와 버들치를 잡기도 하고, 재미 삼아 무당개구리 낚시를 하기도 했다. 무당개구리를 '비단개구리'라고도 하는데 우리 마을에서는 대대로 '비장개구리'라고 불렀다. 나무꼬챙이 끝에 묶은 강아지풀에 메뚜기를 매달아 무당개구리 앞에서 위아래로 움직이면 무당개구리가 메뚜기를 덥석 문다. 얼룩무늬 군복 문양을 한 무당개구리는 등 쪽은 녹색 바탕에 검은 점 얼룩무늬, 배는 붉은 바탕에 검은 점 얼룩무늬를 하고 있다. 약간의 독성이 있어 먹지 못하지만 약용으로 사용하는 사람도 있었다. 실제 중국에서는 폐병의 특효약으로 쓴다고 한다. 사람이 만지면 배를 뒤집어 죽은 척하는 귀여운 면이 있는 무당개구리는 청개구리처럼 사람을 무서워하지 않는다.

개울과 저수지에는 많은 민물고기와 수생곤충들이 살았다. 저수지에는 귀여운 수달도 있었다. 잉어, 붕어, 가물치, 미꾸라지, 뱀장어, 새우, 피라미, 우렁이가 많았다. 물이 맑은 개울에는 가재, 도룡뇽, 버들치, 물장군, 소금쟁이, 물방개, 연가시, 날도래 유충 등이 살았다.

이 중 특히 소금쟁이는 물 위를 미끄러지듯 가볍게 움직이며 때로는 놀라운 점프 실력을 발휘한다. 어릴 때 물 위를 떠다니는 소금쟁이의 신비한 움직임을 오랫동안 지켜보곤 했는데, 지금 생각해 보면 소금쟁이는 최고의 수상스키어다.

풀밭에는 사마귀, 방아깨비, 섬서구메뚜기, 송장메뚜기, 벼메뚜기, 여치, 베짱이, 귀뚜라미 등 수많은 곤충들이 있었다.

전답과 과수원 주변에는 뱀과 개구리 종류도 많았다. 뱀은 독사, 구렁이, 능구렁이, 무자치, 누룩뱀, 너불래기라 부르는 유혈목이가 많았다.

개구리는 참개구리, 산개구리, 맹꽁이, 두꺼비, 청개구리, 무당개구리, 옴개구리 등이 있었다.

산과 들에 사는 야생동물로는 토끼, 고라니, 멧돼지, 너구리, 오소리, 삵, 족제비, 청설모, 단비, 다람쥐, 날다람쥐, 들쥐, 생쥐, 두더지, 박쥐 등이 있었다.

이 중 박쥐는 새와 쥐를 합성한 듯한 기이한 동물이다. 나는 박쥐가 사는 어두컴컴한 바위동굴에 몇 번 가 본 적이 있다. 낮에는 습기가 있는 동굴에 무리를 지어 거꾸로 매달려 있다가 해가 지고 어둑해지면 먹이 사냥을 위해 밖으로 나온다. 박쥐는 세균을 퍼뜨리는 혐오스런 동물로 알려져 있지만 실은 모기를 하루에 3천 마리나 잡아먹는 등 곤충의 개체수를 조절해 농작물과 산림의 피해를 막아 주는 유익한 동물이라고 한다. 박쥐는 생긴 모습만 기이한 것이 아니다. 어두운 동굴과 깜깜한 밤에도 자유자재로 비행하고 먹이를 찾을 수 있는 것은 나방의 더듬이같이 놀라운 초음파 기능을 가지고 있기 때문이라고 한다. 박쥐는 시력은 안 좋지만 입안의 성대에서 초음파를 내보내고 그 반사음을 귀로 받아 거리와 방향을 가늠한다고 한다.

박쥐의 초음파가 나방에 부딪혔다가 나오는 반사파를 감지할 수 있기 때문이다. 나방은 이에 맞서 박쥐의 초음파를 스텔스기처럼 아예 흡수할 수 있는 천연 흡음제를 날개에 가지고 있다. 심지어 내 몸에 독이 있다는 표시의 방어초음파를 발산해 박쥐의 공격을 예방한다고 한다고 하니 자연의 신비는 끝이 없다.

조류로는 꿩, 매, 참새, 딱새, 박새, 뱁새, 제비, 할미새, 독수리, 까치, 때까치, 물까치, 까마귀, 물총새, 종달새, 직박구리, 딱따구리, 멧비둘기, 올빼미, 수리부엉이 등이 많았다.

곤충으로는 벌, 거미, 나비, 잠자리, 하늘소, 풍뎅이, 장수풍뎅이, 무당벌레, 개똥벌레, 쇠똥구리, 길앞잡이, 사슴벌레, 방아벌레, 메뚜기, 사마귀, 땅강아지 등 나의 호기심을 자극하는 신비한 것들이 셀 수 없을 정도로 많았다.

요즘은 쇠똥구리와 길앞잡이가 멸종위기 곤충이라지만 당시에는 흔해 빠진 곤충이었다. 길앞잡이는 마치 길을 안내하는 것 같은 독특한 행동을 하는 곤충으로 광대노린재나 큰광대노린재처럼 몸의 색깔이 매우 아름답다. 왜 이 곤충들은 보호색을 띠는 다른 곤충과는 달리 사람의 눈에 띄는 화려한 색을 하고 있는 것일까? 이들은 곤충계의 이단아들인가?

혹시 사람의 눈에 잘 띄지만 천적의 눈에는 어떻게 보일까?

소를 먹이러 길을 가다 보면 길앞잡이가 있는데 가까이 다가가면 훌쩍 날아올라서 몇 미터 앞에 앉기를 반복하는 재미있는 곤충이다.

그러고 보면 사람이나 기업도 길앞잡이처럼 남들보다 몇 걸음 먼저 갈 필요가 있다. 그러려면 남보다 몇 배 노력해야 한다. 요즘 잘나가는 미국의 엔비디아 같은 기업을 보면 기업계의 길앞잡이 같은 회사가 아닌가 하는 생각이 든다.

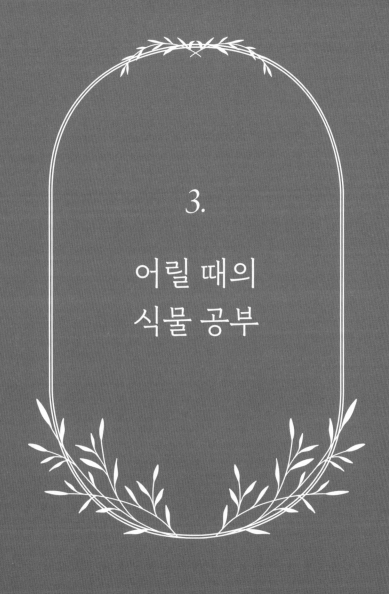

3.

어릴 때의
식물 공부

농사일을 통한 식물 공부

과거 농부들은 청설모처럼 하루 종일 부지런하게 움직였다.

농업은 온 가족이 협력해서 하는 일이었고 자녀들도 방과 후에는 부모님의 일을 거들었다. 소, 염소, 토끼 등을 돌보는 일은 초등학생만 되어도 다 할 수 있는 일이었다. 모내기, 벼베기, 타작 같은 많은 일손이 한꺼번에 필요한 농사일은 온 가족이 달라붙어서 했다. 부모님 옆에서 농사일을 돕는 자녀들은 자연스럽게 농사일을 하는 부모님이 얼마나 힘든지를 알 수밖에 없었다.

그런데 요즘 도시 아이들은 회사로 출근하는 부모님과 함께 할 일이 거의 없다. 그래서 부모가 직장에서 무슨 일을 하는지, 얼마나 힘든 일을 하는지 모를 수밖에 없다.

힘든 노동에 비해 돈벌이가 되지 않는 전통방식의 농업은 기피할 수밖에 없는 일이지만 도시민들이 가족과 함께 흙을 만지고 땀을 흘릴 수 있다는 점에서 어쩌면 가장 효과적인 치유농업이 될 수 있다.

당시의 시골은 자급자족의 시대였기 때문에 농부들은 새벽부터 저녁까지 논과 밭에 나가 농작물을 심고 잡초와 씨름을 했다. 우리 집은 벼농사 외에도 작은 복숭아밭이 있었고 밭두렁에는 주로 감나무가 많이 있었다.

농부들이 직접 과수 묘목을 자급자족 생산해야 했다. 아버지는 복숭아, 감나무 등 과수묘목 접붙이는 일을 직접 하셨다. 복숭아나무는 눈접과 깎기접을 했다. 감나무는 쪼개접과 깎기접을 주로 했다. 접수 상단 절단면은 수분증발을 막기 위해 촛농으로 도포를 했다. 지금 생각해 보면 이런 지혜가 어디서 나왔는지 신기할 따름이다. 지금은 당연한 것으로 받아들이지만 접붙이기는 품종을 개량하는 핵심기술이다. 수술 부위처럼 접을 붙인 부분은 바람이 들어가지 않도록 비닐로 꼼꼼히 감았다. 복숭아나무는 성공 확률이 높은 반면 감나무는 실패할 확률이 높았다. 늦봄에 접수에서 새순이 터져 나오는 모습을 보면 정말 신기했다. 나도 아버지를 따라 복숭아 접을 붙이는 일을 해 본 적이 있다.

접붙이기에 사용되는 뿌리를 가진 접목은 병충해에 강해야 한다. 복숭아나무는 야생의 돌복숭아 씨앗으로 키운 대목을 사용했고, 감나무는 생명력이 강한 고욤나무 씨앗으로 키운 대목을 사용했다.

산간마을이라 천수답에는 벼를 심고 밭에는 콩과 옥수수, 수수, 조, 고구마, 감자를 철 따라 심었다. 늦가을에는 보리와 밀을 심었다. 김장을 위해 무, 배추를 심었다. 밭의 일부에는 부추를 재배했고 고추, 상추, 호박, 오이, 가지, 우엉을 심었다. 농부들은 한 뼘의 땅도 놀리는 법이 없었다.

볍씨 한 톨, 콩알 하나도 귀하게 여겼다. 벼 수확과 보리 수확을 하고 나면 이삭줍기를 하는 것은 당연한 일이었다. 한번은 아버지에게 크게 혼난 적이 있었다. 도리깨로 콩 타작을 하시던 아버지가 마당 구석으로 튀어나간 콩을 주우라고 했는데 내가 대충하다 말고 게으름을 피우다 혼이 난 것이다.

보통 시골집 뜰에는 감나무, 엄나무, 참옻나무, 살구나무, 앵두나무, 참죽나무, 초피나무, 앵두나무가 있었다. 밭 주변에는 뽕나무, 닥나무, 살구나무, 매실나무, 대추나무 등을 심었다. 야산을 개간해서 복숭아나무, 밤나무, 두릅나무, 산초나무 등을 심었다.

농한기가 되면 아버지는 각종 농기구를 만들었다. 쟁기, 써레, 곰베, 지게, 발채, 삼태기, 멍에, 코뚜레, 도리깨, 떡메, 호미·낫·괭이자루를 만들었다.

쟁기, 지게, 써레, 멍에, 구유, 쇠죽바가시, 쇠죽갈고리는 소나무를 깎아서 만들었다. 쇠죽바가지는 목공 솜씨가 있었던 외할아버지가 만들어 아버지에게 공짜로 주셨다.

농기구 이름을 부를 때 표준어와 경상도 사투리는 상당한 차이가 있었다.

쟁기는 '훌찡이', 발채는 '바지게', 싸리삼태기는 '살소고리', 짚삼태기는 '짚소고리', 코뚜레는 '코꾼지', 멍에는 '소몽에', 구유는 '소죽구시', 호미는 '호매이', 쇠죽바가지는 '소죽바가이', 쇠죽갈고리는 '소죽까꾸래이"라고 불렀다. 사투리로 불렀던 농기구 명칭을 기억하는 사람도 점점 사라져 가고 이제는 모두가 지난날의 까마득한 추억이 되어 버렸다.

소코뚜레는 곧은 노간주나무 우듬지로 만들었다. 어른 엄지손가락 굵기의 50센티미터 길이로 잘라 껍질을 벗기고 매끈하게 다듬은 다음 숯불에 살짝 구워 동그랗게 휘어서 끈으로 묶어 그늘에 매달아 말리면 된다. 아버지는 한꺼번에 몇 개씩 만들어 이웃들에게 나눠 주기도 했다.

보리타작과 콩타작은 도리깨로 했다. 도리깨질은 휘추리의 회전력을 이용하는데 골프 스윙의 원리와 비슷하다고 한다. 도리깨는 단순하지만 적은 힘으로 큰 에너지를 얻기 위해 두 부분으로 나누어져 있고 연결 부위는 회전할 수 있도록 만들어져 있다. 손잡이 윗부분이 직선운동을 하다가 회전운동으로 바뀌면서 발생한 가속도의 힘으로 곡식을 때려 탈곡을 하는 농기구다.

도리깨는 손잡이라 불리는 장부, 아들이라 불리는 휘추리, 장부와 휘추리를 연결하는 꼭지로 구성된다.

도리깨의 장부와 휘추리의 재질은 지방에 따라서 조금씩 다르다. 아버지는 손수 도리깨를 만들었다. 장부는 노간주나무와 대나무를, 휘추리는 '도리깨열나무'라 불렀던 2년생 감태나무 가지를 사용했다. 장부에 구멍을 뚫어 휘추리가 돌아갈 수 있도록 꼭지를 끼워야 하는데 대나무는 잔뿌리를 제거한 뿌리통 부분을, 노간주나무는 굵기가 큰 뿌리 쪽에 구멍을 뚫어 꼭지를 끼웠다.

아버지는 곧은 감태나무 가지를 겨울에 잘라서 항상 미리 장만해 두셨다.

사용의 편리성과 효율성 때문에 필수 농기구로 농가마다 몇 개씩 가지고 있었고 농부들은 직접 도리깨를 만들거나 수리를 했다.

거름이나 채소 등을 지게로 나를 때 지게 위에 올려놓는 바지개(발채)와 소여물 퍼 나를 때나 밭에 거름을 뿌릴 때 자주 사용하는 삼태기는 싸리나무로 만들었다.

낚싯대는 대나무로, 도끼자루와 괭이자루는 단단하고 탄력이 좋은 물푸레나무로 만들었다. 요즘 프로야구 선수들이 사용하는 야구방망이와 조선시대 태형에 사용된 곤장도 물푸레나무로 만든 것이다.

나무는 저마다 성질이 있다. 감나무와 소나무는 쉽게 부러지지만 참나무는 단단해 갈라지기는 해도 부러지지 않고 꾸지뽕나무는 잘 썩지 않고 탄성이 좋아 활을 제작하는 데 사용했다. 오동나무는 가야금, 알프스산 독일가문비나무와 캐나다산 단풍나무는 바이올린, 첼로 등의 악기 제작에 많이 사용된다.

꾸지뽕나무 가지를 잘라 밖에 두면 몇 년 동안 눈비를 맞아도 잘 썩지 않는다. 그래서 꾸지뽕나무 가시를 조심해야 한다.

닥나무는 한지의 재료이자 약용식물이다. 닥나무 껍질로 만든 한지는 천 년이 지나도 변하지 않는다고 한다. 어른들은 물론 아이들까지도 닥나무를 잘 알았는데 그 이유는 팽이채나 제기를 만들 때 삶은 닥나무 껍질을 이용했기 때문이다.

이처럼 나는 어릴 때 농사일을 돕거나 아버지가 직접 농기구를 만드는 과정을 통해 식물의 특성과 재질을 자연스럽게 배웠다.

식물을 사랑할 때

가축 돌보기를 통한 식물 공부

시골 농부들은 소를 돌보는 데 사람보다 더한 지극정성을 쏟아부었다. 여름철에는 신선한 꼴을 베다 주었고 사시사철 아무리 바빠도 가마솥에 쇠죽을 끓여주었다. 쇠죽에는 영양분이 많은 콩이나 호박, 살겨 등을 듬뿍 넣어 주었다. 주인을 잘 만나 곡식이 든 쇠죽을 많이 먹은 소는 털이 반질반질할 만큼 윤기가 났다. 요즘처럼 마른 볏짚을 썰어 주는 것은 상상할 수 없는 일이었다. 추위가 혹독한 겨울에는 짚을 엮어 만든 소방석('쇠덕석'의 경상도 방언)을 덮어 추위를 막아 주었다. 첫닭이 울면 일어나 김이 무럭무럭 나는 뜨거운 쇠죽을 주는 농부가 많았다. 그만큼 소를 가족처럼 사랑했다. 요즘 반려동물인 강아지에게 애정을 쏟는 것보다 더했다. 한없이 선한 눈을 가진 소는 농부들에게 보답이라도 하듯 농번기 때 온 힘을 다해 쟁기와 써레를 끌었다. 소에 비해 염소는 사람과 호흡이 잘 맞지 않는 가축이었다. 성질이 급해 키우기가 힘들고 관리하기도 힘들다. 염소를 들에 몰고 나가 풀을 뜯게 해야 하는 데 한눈파는 사이 남의 밭에 가서 곡식이나 채소를 뜯어먹는 일이 허다했다. 이웃 간에 분란을 일으키는 골칫거리가 되는 일도 많았다. 멀리 도망가지 못하게 긴 이까리(목줄 또는 고삐와 사람을 연결해 주는 기다란 줄)로 나무에 매어둔 채 다른 농사일을 해야 한다. 문제는 염소는 성질이 급해 이까리가 꼬이면 가만히 있는 게 아니라 발버둥을 쳐서 스스로 옥죄는 경우가 많아 항상 신경을 쓰게 만드는 성가신 존재였다.

뿐만 아니라 염소를 철쭉나무에 이까리를 매고 가는 날이면 난리가 났다. 풀을 뜯어먹다 배가 고픈 염소는 독초인 철쭉 잎을 먹게 되는데 염소는 설사를 하고 배가 점점 부풀어 올라 고통스럽게 울부짖다가 결국은 죽고 만다.

특별한 해독제가 없어 먹은 것을 토하도록 쌀뜨물을 먹여도 소용이 없었다.

토끼는 한두 마리 있을 땐 귀엽고 재미있지만 번식이 왕성해 개체수가 급격히 늘어나면 풀을 뜯어주느라 애를 먹는다. 토끼가 가장 좋아하는 식물은 왕고들빼기, 칡잎, 씀바귀, 민들레, 클로버, 댓잎 등이다. 그러나 젖은 풀을 많이 먹이면 소화기관에 문제가 생긴다.

염소와 토끼의 배설물 냄새는 지독하기 때문에 염소축사와 토끼장은 바닥에 쌓인 배설물을 자주 치워 줘야 한다. 특히 여름에는 정말 귀찮은 일이었다.

민간요법 체험을 통한 식물 공부

　밤하늘의 무수한 별들의 비밀처럼 알기 어려운 존재가 식물이다. 나는 어릴 때의 추억 때문인지 나이가 먹을수록 식물에 대한 호기심과 관심이 많아졌다. 말없는 식물이지만 정성을 다해 돌보고 주의 깊게 관찰한다. 가끔 식물에게 무관심한 가족들에게 "식물에게 잘 대해 주면 복을 받는다."는 말을 농담 삼아 하곤 한다. 신의 피조물인 식물에게 인간이 사랑을 베풀면 신과 소통하는 식물은 인간을 위해 기도해 줄 거라는 믿음 때문이다. 황당한 생각으로 들릴지 모르지만 나는 그런 믿음을 가지고 식물을 대한다.

　식물은 식물에게 무심한 사람과 애정을 가지고 교감하는 사람에게 다르게 다가온다. 퇴계, 헤세, 모네 등 많은 사람들은 식물을 진지하게 대한 사람이다. 인류의 역사는 식물과 함께 시작되었다. 식물 없이는 먹을 것도 치료받을 수도 없다. 버드나무 추출물로 아스피린을 만들었고, 병풀로 마데카솔을 만들고, 오리나무와 헛개나무로 숙취해소 음료를 만들고, 각종 건강기능성 식품과 화장품도 식물에서 성분을 추출해 만들었다.

　내가 어릴 때 한번은 토사곽란으로 토하고 설사를 하며 변소를 들락거리며 힘이 축 빠진 채 생고생을 하고 있는데 어머니가 빼뿌쟁이('질경이'

의 경상도 방언)를 캐서 만든 즙을 먹고 신기하게 나은 적이 있다.

그 후 50대가 되어 발바닥에 박힌 티눈 때문에 고생을 많이 했는데, 말린 질경이로 얼마간 차를 끓여 마신 후 티눈을 바늘로 파냈더니 뿌리째 쏙 빠져 버렸다.

두 번의 놀라운 경험을 하고 나서 길가에 흔해 빠진 잡초인 질경이가 귀한 약초라는 것을 알게 되었다. 잡초 중에서 질경이처럼 약성이 좋은 것이 한두 가지가 아니다. 그리고 보면 인간의 생존에 꼭 필요한 것은 공기와 물처럼 우리 주변에 흔한 것이라는 것을 알 수 있다. 인간의 질병을 치료하는 치료제도 마찬가지다.

일례로 치료제와 관련해서 1949년 11월 7일 자 『타임지』 표지에 폐결핵 치료에 효과적인 최초의 항생제이자 기적의 항생제로 불린 '스트렙토마이신'의 발견과 관련 대문짝만 한 글씨로 "치료제는 우리 뒷마당에 있다"라는 제목으로 보도한 바 있다.

스트렙토마이신은 양계농가 마당에서 가져온 곰팡이 덩어리에서 발견한 결핵치료제로 그 발견에 기여한 미국의 생화학자 셀먼 왁스먼(Salman Abraham Walksman)은 1952년 노벨생리의학상을 수상했다.

타임지는 왜 표지 제목으로 "치료제는 우리 뒷마당에 있다"고 뽑았을까? 과거에는 결핵이라는 질병은 죽음행 열차 티켓이나 마찬가지였다. 그러한 병을 치료하는 치료제가 멀리 있는 게 아니라 우리 주변에 있는데 인간이 모르고 있을 뿐이라는 것을 강조하기 위한 것일 것이다.

지구상에 공기나 물이 없다면 인간은 생존 자체가 불가능하다. 다만 너무 흔해서 귀한 줄 모를 뿐이다. 잡초도 마찬가지가 아닐까? 산삼을 캐기 위해 심산유곡을 찾아다니는 것보다 우리 주변에 늘려 있는 잡초에 관심을 가지고 제대로 연구하는 것이 더 나을지도 모른다.

질경이의 신비한 효능에 대해서는 동서양 할 것 없이 비슷한 이야기가 전해 온다.

동양에서는 중국 한나라 때 마무 장군과 관련된 이야기가 유명하다. 전쟁터에 나간 마무 장군과 병사들이 적군에게 포위된 채 오도 가도 못 하는 상황에서 식량과 물까지 부족하여 많은 병사와 말들이 혈뇨병으로 피오줌을 싸며 죽어갔다. 이러한 절박한 상황에서 장군 수하에 말을 돌보는 마부 한 명이 질경이를 뜯어 먹은 말들이 멀쩡한 모습을 보고 이를 장군에게 보고하자 장군은 혹시나 하는 마음으로 병사들에게 질경이 국을 끓여 먹이고 말에게도 뜯어먹게 하였더니 피오줌이 그쳤다는 일화다.

그때부터 질경이를 마차 앞에서 발견했다 하여 '차전초(車前草)', 자신과 말들을 위기에서 구한 기적의 풀이라 해서 '마의초(馬醫草)' 또는 '마제초(馬蹄草)'라고 불렀다고 한다. 서양에서 사용하는 질경이의 속명은 '밟힘'이라는 뜻을 가진 라틴어 'Plantago'이다. 11세기 중세시대 한 의약서에 나오는 질경이의 힘에 관한 시가 있다. 그 의약서의 이름이 무엇인지 확인하지는 못했지만 옮겨 본다.

　　네 위를 수레가 짓이기고 굴러도
　　너를 밟고 여왕님이 걸어도
　　네 위에 소들이 입김을 뿜어대도
　　그것을 너는 모두 참아냈다
　　그리고 그 힘으로
　　나라 안에 번지는 모든 독과

병과 싸워 이겨 내도다.

실제 질경이는 봄과 여름에는 어린순을 캐서 나물로 먹기도 하도, 장아찌로 담가 먹기도 한다. 질경이는 비타민 B1, 비타민 C, 플라보노이드, 유기산, 카로틴, 아데닌, 콜린 성분 등이 있어 소변이 잘 나오게 하고 열을 내리며 가래를 삭이며 기침을 멈추고 눈을 밝게 하며 출혈을 멈추게 한다. 치통에는 생잎을 소금에 비벼서 아픈 이에 물고 있으면 치통이 멎는다고 한다.

토사곽란에 뿌리를 씹어 먹거나 잎의 즙을 내어 먹으면 효과가 있다.

나는 지금도 질경이를 볼 때마다 어릴 때 토사곽란(장염)에 걸려 힘들어 할 때 어머니가 해 주셨던 질경이 즙을 먹고 나았던 기억이 난다. 또 잊을 수 없는 일은 내가 참옻나무 밭에 떨어져 죽다가 살아난 일이다. 내가 초등하교 입학 전인 6~7세쯤 됐을 때이다.

하루는 이웃집 친구와 놀다가 참옻나무 밭에 떨어져 옻이 온몸으로 퍼져 죽을 뻔했다. 옻나무 밭은 언덕의 경사지에 있었는데 그 위에 큰 소나무가 한 그루가 비스듬하게 휘어져 있었다. 소나무에 올라가는 놀이를 하다 무게중심을 잃고 그만 아래로 떨어졌는데 하필 옻나무 밭에 떨어진 것이다. 여름이라 짧은 옷을 입었기 때문에 옻나무 밭에 떨어지면서 맨살의 팔다리와 목과 얼굴 부분이 옻순에 닿을 수밖에 없었다. 옻나무 밭에서 기어 나와 우물로 가서 찬물로 온몸을 문질러 씻었다. 쉽게 납득이 되지 않는 이야기지만 어머니 말로는 찬물로 몸을 씻는 바람에 옻이 속으로 들어갔다고 한다.

온몸에 나환자처럼 진물이 흘러내렸고 가려워서 긁어 진물이 흐르는 몸에 파리가 달라붙었을 정도였으니 차마 눈뜨고 볼 수 없을 정도였다고 한다.

참옻나무 수액은 독성이 굉장히 강하다. 아버지도 실장갑을 끼고 옻나무 작업을 하셨는데 옻나무에서 떨어지는 수액이 맨살 피부에 닿으면 피부가 헐어 버릴 정도로 독했다. 옻이 오르면 정말 견디기 힘들 정도로 가렵다. 어머니는 온몸에 진물이 나고 가려워서 괴로워하는 나에게 밤나무 껍질을 벗겨 삶은 물로 목욕을 시켰다. 효험이 있었는지 신기하게도 낳았다. 어릴 때 혼이 난 후 면역이 생겨서인지 옻닭을 먹거나 옻나무를 만져도 옻이 오르는 일이 없었다. 나는 더 이상 옻을 타지 않을 만큼 면역이 생긴 것이다. 그러나 춘천으로 귀농한 후 여름 어느 날 밭두렁에 있던 옻나무를 베다가 손목에 옻나무 수액이 떨어졌다. 설마 괜찮겠지 했는데 하루가 지나자 손목이 견딜 수 없을 만큼 가려웠다. 참다가 하는 수 없이 어린 시절 기억을 더듬어 뒷산에 가서 밤나무 잎을 따다 끓여서 식힌 물로 가려운 부분을 자주 씻어 주었더니 확실히 효과가 있었다. 밤나무가 옻 알레르기를 진정시키는 신비한 효능이 있다는 것에 또 한 번 놀라지 않을 수 없었다.

음과 양이 있듯이 식물의 세계에도 궁합이 서로 맞는 식물이 존재한다.

성경 창세기 1장 12절에 "땅이 풀과 각기 종류대로 씨 맺는 채소와 각기 종류대로 씨 가진 열매 맺는 나무를 내니 하나님이 보시기에 좋았더라."라고 기록되어 있다. 식물의 비밀에 대해서는 우리가 모를 뿐이지 인간에게 필요한 모든 것이 식물에 있다고 본다.

요즘은 비만, 고혈압, 당뇨, 우울증, 불면증 환자가 급격히 증가하고 있어 식물의 활용도가 점점 커지고 있다. 식물에서 추출한 성분을 이용해 의약품, 건강기능성식품, 화장품, 천연소재 등으로 활용 범위를 넓히고 있다.

인공지능 칩 선두 주자인 미국의 반도체 기업 엔비디아(NVIDIA)의 CEO 젠슨황은 앞으로 AI를 도입하면 신약 개발 기간과 비용을 획기적으로 단축시킬 수 있다고도 한다. 그래서 전문가들은 AI 활용 덕분에 그린바이오, 화이트바이오, 레드바이오 산업이 비약적으로 발전할 것이라고 보고 있다.

지금까지 과학적으로 증명되지 못했던 조상들의 축적된 의학적 경험과 지식은 천연물신약과 건강기능성 식품 개발에도 중요한 열쇠가 되는 시대가 되었다.

우리나라에도 당뇨병 치료제인 인슐린과 비만치료제를 개발한 미국의 세계적인 제약회사 일라이릴리(Eli Lilly and Company)나 덴마크의 다국적 제약회사인 노보노디스크(Novo Nordisk) 같은 제약회사들이 속히 나오길 기대한다. 참고로 일라이릴리는 1876년에 창립되었고, 노보노디스크는 1923년에 창립된 오랜 역사를 가진 회사다.

인구 600만 명의 덴마크도 해내는데 인구 5천만이 넘고 이미 400년 전에『동의보감』을 쓴 허준과 같은 명의를 배출한 우리나라가 못 할 일이 뭐가 있겠는가?

다만 너무 조급하게 서두르지 않고 진득한 연구와 기다림이 필요하다.

식물을 사랑할 때

독성 체험을 통한 식물 공부

내가 독초에 관심이 많은 것은 어릴 때 아버지의 영향이 컸다. 아버지를 따라 약초를 캐러 가면 초오를 캘 때마다 초오가 조선시대 사약의 재료로 사용되었다는 이야기를 들려주셨다. 게다가 오동나무 잎을 이용한 변소 구더기 제거 방법은 물론 여뀌와 초피나무껍질을 이용해 물고기 잡는 방법까지 알려 주셨다.

호기심이 많은 나는 궁금하면 참지 못하는 성미라 독초를 이용해 물고기를 잡는다는 게 너무나 신기해 여러 번 혼자서 시도해 본 적이 있었다. 아버지는 초피나무를 잘라서 돼지족발이나 돼지머리를 삶을 때 넣으면 풍을 예방하고 돼지고기 특유의 누린내를 잡을 수 있다고 하셨다. 그래서 돼지족발을 삶을 때는 항상 초피나무를 넣었다. 그런데 초피나무를 넣어 삶은 돼지고기를 먹은 사람은 괜찮은데 물고기는 왜 혼절을 하는지 궁금했다. 만약 초피나무를 넣어 삶은 돼지고기를 먹은 사람에게 문제가 없다면 어떤 원리가 작용하는 것인지 지금도 여전히 궁금하다.

독초 하면 사약의 재료로 알려진 천남성과 초오가 대표적이다. 사약의 제조는 내의원에서 담당했는데 철저하게 비밀에 부쳐졌기 때문에 현재까지도 정확한 제조법은 알려진 게 없다.

다만 자생 독초인 천남성과 투구꽃 뿌리인 초오가 주요 성분으로 들어
간 것으로 전해지고 수은, 비소, 화경버섯이 들어갔다는 설도 있다.

화경버섯은 밤에 보면 마치 불빛이 반사되듯 빛이 난다 하여 붙여진
이름으로 야광버섯이라고도 하며 고사한 서어나무에서 나는 맹독성 버
섯이다.

서어나무는 생명력이 강하고 빨리 자라는 속성수로 우리나라 산에서
흔히 볼 수 있는 나무다.

아버지를 따라 투구꽃 뿌리인 초오를 캐러 다닌 추억 때문에 지금도
나는 투구꽃이 아름다워 천남성과 함께 텃밭의 한 구석진 곳에 재배하고
있다.

투구꽃은 응달지고 습기가 많은 계곡 주변에 자라는데 보라색 꽃이 매
우 아름답다. 꽃의 모양이 그리스·로마 병사들이 쓰던 투구를 닮았다 하
여 '투구꽃'이라고 부른다. 투구꽃의 잎은 쑥 잎과 비슷하여 혼동하기 쉽
다. 쑥은 참쑥, 인진쑥, 개똥쑥, 황해쑥 등이 있는데 그중에 특히 그늘에서
자라는 참쑥이나 황해쑥과 비슷하다.

초오는 투구꽃(이명 젓가락나물, 바꽃, 진범 등으로 불림)의 말린 뿌리
를 한방에서 부르는 말이다. 뿌리모양이 까마귀머리를 닮아 오두(烏頭)라
고도 한다.

한국의 자생 투구꽃과 유사한 식물로 중국의 고산지방에서만 재배 생산
되는 미나리아재빗과의 독초인 천오두(川烏頭)라는 식물이 있는데 모근
(母根)을 천오(川烏)라 하고, 곁뿌리인 자근(子根)을 부자(附子)라 한다.

몇 년 전 광주의 어느 시골 노인이 병을 치료할 목적으로 초오를 달여
먹다가 사망한 경우도 있었다.

초오는 자신을 지키기 위한 방어물질로 알카로이드(Alkaloid) 성분인 '아코니틴(Aconitine)'이나 '메스아코니틴(Mesaconitine)' 등의 성분을 가지고 있어 중독될 경우 두통, 현기증, 복통, 구토 등의 증상을 유발하고 심하면 사망할 수 있다. 특히 아코니틴은 술과 함께 복용하면 중독 증상이 더 쉽게 일어나는 것으로 알려져 있다.

아코니틴(Aconitine) 등의 독성물질을 함유한 바꽃속 식물들은 전 세계적으로 약 300여 종이 분포되어 있다. 주로 북반구의 고산지대에 자생하는 것으로 알려져 있으며 중국에서 자생하는 약 200여 종의 바꽃속 식물중 20~30종이 약재로 사용된다. 초오, 천오, 부자의 효능은 큰 차이를 보이지 않는다고 한다.

동양에는 '독으로 독을 다스린다'는 뜻의 '이독제독'(以毒制毒)이란 말이 있는데 중국 당나라 때 신청(神淸)이 지은 『북산집』에 나오는 내용으로 "훌륭한 의사는 독으로써 독성을 멈추게 한다."는 말에서 유래되었다.

서양에서도 근대 약리학의 아버지라 불리는 파라셀수스가 "모든 약은 독이다."라고 한 말은 결국 모든 독은 약으로 쓸 수 있다는 말과 같다.

윌리엄 셰익스피어의 『햄릿』에는 "지독하게 심해진 병은 극약처방을 써야 듣는다. 그렇지 않으면 효과가 없다."는 말이 나온다.

그러고 보면 극과 극은 통한다는 주역의 원리가 초오의 독성을 이용한 치료에도 적용되는 것 같다.

할미꽃뿌리도 독성이 많아 법제를 통해 드물게 사용을 하기는 했다. 생태계 변화로 옛날에 그 흔하던 할미꽃도 요즘은 보기 힘들어졌다. 오동나무잎, 철쭉과 여뀌도 독성이 많고 살충 효능이 강한 식물이다.

독초는 신기하게도 금방 효과가 나타난다. 낮에 철쭉 잎을 뜯어먹은 염소는 저녁에 배가 불러 설사를 하다가 결국 죽는다. 우리 집은 염소를 몇 마리나 잃고서야 철쭉이 있는 곳에 염소를 매어두면 안 된다는 사실을 알게 되었다.

시골에서는 식물의 독성을 이용해 변소의 구더기를 잡거나 친환경 살충제로 사용하기도 하고, 물고기를 잡을 때 사용하기도 한다. 특히 시골 푸세식 변소는 수세식 화장실에 비하면 끔찍했다. 아무리 시골 정취가 좋다고 해도 푸세식 변소만큼은 끔찍했다. 여름철 비가 오는 날이면 더더욱 끔찍했다. 악취도 악취지만 구더기가 우글거리는 모습은 도저히 눈뜨고 보기 어렵다. 시골 변소의 구더기를 보면 아무리 비위가 강한 사람이라도 변소에 갈 엄두를 내지 못한다.

변소에서 우글거리는 구더기는 요즘 음식물 쓰레기를 빨리 먹어 치우고 영양분이 많아 각종 사료로 사용되는 동애등에처럼 똥을 분해하는 능력이 탁월하다. 농부들은 똥을 버리지 않고 소 외양간에서 나오는 거름과 섞어 발효시켜 훌륭한 유기질 거름으로 사용했다. 그런데 그토록 혐오스런 구더기를 박멸하는 방법으로는 농약을 뿌리는 방법도 있지만 오동나무의 잎을 따서 통째로 변소에 넣어 구더기를 박멸하는 방법도 있었다. 정말 신기하게도 농약보다 효과가 더 좋았다.

물고기를 잡을 때는 초피나무껍질을 이용했다. 먼저 꾸덕꾸덕하게 말린 초피나무껍질을 가마솥에 볶은 후 절구통에 넣고 빻는다. 가늘게 빻은 가루를 광목자루에 담아 흐르는 물의 양이 많지 않은 개울물이나 물이 고인 웅덩이에 흔들어서 우려내면 물고기가 금방 기절을 한다. 이유는 모르겠지만 뱀장어와 미꾸라지가 가장 먼저 약발을 받는다.

매운맛이 나는 여뀌도 풀포기를 돌로 찧어서 물속에 풀면 물고기가 죽

식물을 사랑할 때

는다. 그래서 어독초(魚毒草)라고도 한다.

여뀌라는 식물은 밭에서 자라는 흔한 잡초로 일반인들은 별 관심이 없는 식물이지만 조선시대 화가 신사임당과 겸재의 그림에도 나오는 재미있는 식물이다.

여뀌꽃은 귀신을 막아 준다는 속설이 있는데 이름의 유래는 귀신을 쫓는다는 뜻의 한자 역귀(逆鬼)라는 말에서 유래됐다는 설이다. 귀신을 쫓는다는 설에는 두 가지가 있는데 꽃이 붉고 맛이 매워서 귀신을 는다는 설과 도깨비가 여뀌 꽃대에 깨알처럼 달린 작은 꽃을 세느라 집 안에 못 들어온다는 설이다. 모란이나 작약처럼 화려한 꽃이 아님에도 병풍의 그림으로 그려진 것은 이런 이유 때문일 것이다.

신사임당(1504~1551)의 초충도 8폭 병풍 중 〈여뀌와 사마귀〉라는 작품이 있고, 겸재 정선(1676~1759)의 〈요화하마도〉, 〈초충도〉라는 작품이 있다.

이들 작품에 나오는 식물과 곤충은 식물생태도감보다 더 세밀하게 묘사되어 있다.

신사임당의 〈여뀌와 사마귀〉라는 작품에는 가을에 핀 여뀌꽃을 중심으로 왼쪽 아래엔 살아 꿈틀대는 듯한 사마귀가 있고 여뀌줄기를 감고 올라간 나팔꽃이 파란색 꽃을 피웠다. 왼쪽 위엔 벌이, 오른쪽 위엔 검은 물잠자리가 그려져 있다. 이 작품을 자세히 보면 재미있는 내용이 많다. 덩굴성 식물은 비슷한 경향을 보이는데 나팔꽃도 항상 왼쪽으로 감아 올라간다. 위를 바라보는 파란색 나팔꽃은 아래로 처진 붉은색 여뀌꽃과 절묘한 대조를 이룬다. 사마귀의 10마디 붉은색의 배가 불룩한데 암컷으로 산란할 때가 임박한 것 같다.

겸재의 〈여뀌와 개구리〉에 나오는 여뀌꽃도 아름답지만 여뀌꽃 아래 참개구리의 눈망울과 표정이 생기 넘치고 코믹하게 그려져 있다. 〈초충도〉에는 여뀌꽃에 앉아 울어대는 매미를 참개구리가 쳐다보고 있다.

　세상의 모든 것은 단절되어 있는 것이 아니라 서로 연결되어 있는 공생 관계다. 식물을 공부하다 보면 식물 하나에 머무는 것이 아니라 생태계 전체를 보게 되고 자연의 신비한 조화를 알게 된다. 식물은 식물학에 그치는 것이 아니라 인문학과 예술, 자연과학으로 연결되어 있다. 그래서 나는 어릴 때부터 식물에 관심을 가지는 것이 중요하다고 생각한다. '모든 길은 로마로 통한다'는 말이 있듯 '모든 학문은 식물로 통한다'고 할 수 있지 않을까?

　독초는 왜 강한 독성을 가지고 있을까? 사람이 보기엔 독이지만 식물의 입장에선 자신을 지키기 위한 훌륭한 방어무기다. 가시를 가지고 있든 독성을 가지고 있든 식물은 자신을 지키기 위해 방어무기를 가지고 있는 것이다.

　그래서 나는 가시와 독성을 가진 식물을 유심히 관찰한다.

농약 사용을 통한 식물 공부

농작물 중에는 병충해에 강한 식물이 있지만 대다수 농작물은 농약 없이 재배하기란 쉽지 않다. 감자, 고구마, 상추, 부추, 쑥갓, 호박, 가지와 산나물은 농약을 뿌리지 않아도 잘 자란다. 그러나 대부분의 채소류와 과수는 진딧물, 응애, 나방, 탄저병, 과수화상병 등의 병해충 때문에 농약을 살포해야 한다. 특히 최근에는 방제농약이 없는 세균성 병해인 과수화상병 때문에 골머리가 아프다.

옛날에는 농작물에 농약을 뿌리는 것이 힘들고 위험한 일이었다. 지금은 드론과 같은 항공방제나 트렉터에 장착된 농약살포기 등으로 비교적 안전하게 농약을 살포하지만 옛날에는 수동식 스텐 농약살포기를 등에 지고 뿌리거나 긴 지렛대를 끼워 앞뒤로 젓는 수동유압농약살포기로 농약을 뿌리면 온몸에 농약을 뒤집어쓰기 일쑤였다. 열악한 농약살포장비 때문에 농약중독사고가 많았다.

옛날 시골 변소 한 귀퉁이에 항상 농약병과 봉지가 있었다. 살충제와 살균제 그리고 제초제 표시가 되어 있었다.

내가 어릴 때 많이 듣던 농약은 맹독성 살충제인 디디티(DDT)와 파라티온(Parathion), 맹독성 제초제인 그라목손(Gramoxone), 종자 소독용

살충제인 다이메크론(Dimecron) 등이다. 지금은 판매와 사용이 금지된 맹독성 농약인 디디티, 파라티온, 그라목손은 초창기에는 농약에 대한 이해가 부족해 아무렇지도 않게 사용했다. 그러다 목숨을 잃는 사고가 빈발했다. 이웃 마을 청년도 벼논에 파라티온 농약을 살포하다 중독되어 사망하는 일이 있었다. 그라목손 음독으로 사망하는 사람도 많았다.

맹독성 살충제인 파라티온은 과수, 목화, 밀 재배에 영향을 주는 진딧물, 응애류 방제용으로 사용된 농약이다. 그런데 벼논에도 파라티온을 뿌리는 농부도 있었다.

옛날에는 수동식 스텐 농약살포기를 등에 지고 벼논에 농약을 뿌렸기 때문에 노즐이 달린 약대가 짧아 맞바람이 불면 온 몸에 농약을 뒤집어쓸 수밖에 없었다. 벼논에는 기껏해야 벼멸구, 도열병, 이화명나방 등 나방류 정도의 병충해밖에 없는데 맹독성 농약인 파라티온을 사용한 것은 그만큼 농약에 대해 무지했기 때문이다.

파라티온 살포로 인한 농약 중독사고가 빈발하자 농약병에는 맹독성 농약임을 표시하는 해골 모양의 표시가 있었고 그 후 제조 및 사용이 금지되었다.

디디티(DDT) 가루는 병해충을 박멸하는 데 최고의 살충제로 통했다. 농작물 병해충뿐만 아니라 유사 이래 사람을 지긋지긋하게 괴롭히던 이(蝨), 벼룩, 빈대, 진드기 등 흡혈해충을 박멸하는 데 이만큼 좋은 살충제는 없었다. 당시만 해도 이가 없는 사람이 없을 정도로 득실거렸다. 이도 사람을 가리는지 어른보다는 아이들에게 이가 많았다. 이는 머리카락이나 옷 속의 재봉라인을 따라붙어서 사람의 피를 빨아먹었다. 아이들의 머리카락엔 머릿니의 알인 하얀 쌔가리('서캐'의 경상도 방언)가 있었고 교실에서 공부하다 책상 위에 머릿니가 떨어지는 경우도 있었다.

　가족끼리 모여 서로 손톱으로 머릿니를 잡아주거나 머리카락에 붙어 있는 서캐와 알이 부화하고 남은 서캐껍데기를 뽑아주는 일이 많았다.

　머릿니 때문에 빗살이 가늘고 촘촘한 참빗을 사용하기도 했는데 그래도 서캐는 잘 떨어지지 않았다.

　그런데 겨울 어느 날 아버지가 어디서 구해 왔는지 디디티(DDT) 한 봉지를 가지고 오셨다. 저녁에 옷을 죄다 벗어 마당 한곳에 두고 디디티(DDT) 가루를 뿌리고 다음 날 아침에 보니 이가 흔적도 없이 사라졌다.

　이가 없어져 마냥 좋아하면서 디디티가루가 묻은 옷을 세탁도 하지 않고 털어서 입었다. 지금 생각해 보면 혼비백산을 할 일이다.

　농사일을 하다 보면 아무리 열심히 해도 이길 수 없는 게 잡초와의 전쟁이다. 그런데 잡초를 죽이는 신통한 농약이 나왔으니 농부들은 구세주를 만난 거나 다름없었다.

　제초제는 농가의 일손을 덜어주는 획기적인 농약이었다. 제초제는 주로 밭농사와 과수원에 많이 사용했는데 논에도 사용하는 제초제가 있었다.

　제초제가 나오기 전까지 논에는 모를 낸 후 벼가 어느 정도 성장하면 농부들이 품앗이로 논매기를 했다. 아시논매기, 두벌매기, 세벌매기 순으로 하는데 호미 대신 손가락 굵기만 한 대나무를 짧게 잘라 골무처럼 열 손가락에 끼우고 김을 맸다.

　그 후 제초제가 나온 후 모심기 전 논 써레질과 함께 제초제를 뿌려 주면 더 이상 논을 맬 필요가 없었다.

　지금은 논두렁에도 모내기를 하기 전에 제초제를 뿌리지만 옛날에는 논두렁에 있는 풀은 소꼴로 베어 주었기 때문에 제초제를 사용하지 않았다.

나는 제초제를 뿌릴 때마다 잡초를 죽이는 원리가 무엇인지 궁금했지만 알 수가 없었다. 최근 제초제를 뿌려본 사람은 알겠지만 제초제를 뿌리면 2~3일 지나야 잡초가 갈색으로 타들어가듯이 말라죽는다.

제초제의 종류는 약제가 접촉한 부위만 죽이는 접촉성 제초제와 식물체 내에 흡수되어 잎·줄기·뿌리까지 식물의 대사와 생장을 막아 고사시키는 침투성 제초제로 구분한다. 그래서 아까시나무 뿌리까지 죽이려면 침투성 제초제인 근사미를 사용해야만 한다. 지금은 사용이 금지된 그라목손은 맹독성 화합물로 독성이 강하고 효과가 빨라 널리 사용되었다. 그라목손을 뿌리면 요즘 제초제와는 달리 2~3시간 만에 잡초가 말라죽는다. 그라목손은 엽록체의 전자전달계에서 전자를 가로채 스스로 그 구조를 붕괴시키는 일종의 자폭유도제다.

국내에서는 2011년 10월 25일 농촌진흥청이 그라목손에 대해 농약품목 등록취소 처분 결정을 내리면서 완전히 판매가 중단되었다.

요즘 많이 사용하는 근사미는 잎을 통해 흡수된 약액이 뿌리까지 전달되는 제초제로 잎이 아닌 목질화된 과수 밑동에 묻어도 상관이 없다.

제초제의 흡수 위치에 따라 토양제초제와 경엽(莖葉)제초제가 있다. 잡초종자를 살상시키는 발아 전 처리제와 이미 생육하고 있는 잡초를 목표로 처리하는 발아 후 처리제로 분류하고 있다.

제초제의 작용원리를 이해하려면 화학과 작물생리학 등의 다방면의 지식이 있어야 한다. 만약 부모가 이런 기본적인 지식만 가지고 있어도 아이들에게 무한한 호기심과 상상력을 불러일으킬 수 있다.

제초제는 성분에 따라 광합성 저해, 지질 생합성 저해, 아미노산 생합성 저해, 색소 생합성 저해, 엽산 생합성 저해, 세포분열 저해, 세포벽 합성 저

식물을 사랑할 때

해, 에너지 대사 저해, 식물 호르몬 작용 교란 등을 통해 효과를 발휘한다.

독일에 본사를 둔 다국적 화학·제약기업 바이엘이 인수한 세계적인 농화학 기업 '몬산토'는 1980년대까지는 제초제와 농약 같은 농화학제품으로 큰돈을 벌었다. 제약사의 신약 개발과 마찬가지로 제초제는 개발기간이 오래 걸리고 개발비용도 많이 드는 만큼 엄청난 수익을 가져다주었다.

2022년도 우리나라 농약 사용량은 살균제 7042톤(35.4%), 살충제 5078톤(25.6%), 제초제 6207톤(31.2%), 기타제 1555톤(7.8%) 등 총 1만 9882톤이다.

제초제와 식물의 상관관계만 하더라도 연구할 부분이 무궁무진하다. 식물에 대한 관찰습관을 길러 식물의 생리와 농약의 작용원리까지 파고드는 탐구정신을 갖추면 좋다.

그래야만 농촌에서 자란 아이들도 훌륭한 과학자로 또는 기업가로 성장할 수 있는 토대가 된다. 그러려면 부모가 농사일을 통해 자연스럽게 아이들에게도 관찰습관을 길러 주고 자연과학에 관심을 갖도록 해 주는 게 중요하다.

약초밭을 통한 식물 공부

외할아버지에 이어 아버지도 농부 겸 약초꾼이었다. 아버지의 묘비명에 "여기 약초꾼 잠들다."로 되어 있을 만큼 약초를 사랑하셨다. 밥상머리에 앉으면 아버지는 삼국지, 조웅전, 충렬전 등 영웅전 스토리로 시작해 약초 얘기로 이어졌다. 반복되는 레퍼토리였지만 언제나 재미있었고 나는 아버지에게 질문을 많이 하는 편이었다. 아버지가 밭에 약초나무를 심을 때면 "내 때에는 혜택을 못 보지만 너그 때에는 도움이 될 끼다. 나무는 원래 그런 기다."라는 말씀을 자주 하셨다.

밀양 감물리는 깊은 산골이었기 때문에 산에 약초가 많이 나는 곳이었다. 아버지가 약초를 캐러 가는 날이면 나도 따라간 적이 많았다. 뒷산에는 느릅나무, 삽주, 초오, 시호, 세신, 하수오 등이 많았다. 송이버섯도 나는 곳에서만 나듯이 약초도 아무 데서나 나는 게 아니다. 삽주는 야산의 양달에, 시호는 높은 산 7부 능선 양달에, 독초인 초오와 세신은 계곡 주변의 응달에 가야만 캘 수 있었다.

아버지는 산에서 캔 약초를 손질하고 씻어 건조한 다음 한약방이나 장에 내다 팔았다. 미리 주문을 받아 오는 경우도 있었다. 유근피, 하수오, 하늘타리, 시호, 삽주, 초오, 세신, 으아리, 지치를 캐서 흐르는 물에 깨끗

이 씻은 다음 그늘에 말렸다. 초오는 맹독성 식물로 절대로 그냥 먹어서
는 안 된다. 전문가의 법제 과정을 거치면 약으로 쓸 수 있었다. 독성이 강
한 복어 요리처럼 초오는 전문가의 법제 과정을 거치면 훌륭한 명약이 되
는 것으로 알려져 있다.

시호는 뿌리를 약으로 쓴다. 해열, 진정, 진통, 진해, 항균, 소염작용 등
효능이 많아 한약재로 많이 쓰인다. 시호뿌리를 방 안에서 말리면 뿌리에
서 나오는 향긋한 냄새가 온 방 안에 가득해진다. 정말이지 야생 시호뿌
리 향기만큼 좋은 향은 없다.

안타깝게도 생태계 변화로 인해 산에 가도 야생 시호를 구경하기가 힘
들다.

붉나무 벌레집인 오배자는 생김새가 독특하다. 벌레집을 반으로 쪼개
보면 안에 진딧물처럼 생긴 오배자면충이라는 벌레가 가득하다. 오배자
를 통째로 가마솥에 쪄서 말린 후 팔았다. 오배자는 탄닌성분이 많아 약
용뿐만 아니라 천연염색의 염료로도 사용되었다.

산초열매는 기름을 짜서 팔기도 하고 상비약으로 한두 병씩은 집에 두
고 약으로 썼다.

초피열매는 추어탕에 넣어 먹는 향신료로 수요가 많아 풋열매와 약이
오른 익은 열매를 따서 팔았다.

아버지는 주로 산에서 약초와 산나물을 채취했지만 밭에 재배하기도
했다. 밭에는 주엽나무, 오미자, 오갈피, 참옻나무, 가래나무, 개오동, 산
사나무, 산수유, 귀룽나무, 마가목, 두충나무, 황벽나무, 초피나무, 두릅나
무, 엄나무, 골담초, 구기자, 시호, 황기, 지황, 천궁, 으아리, 구릿대, 참나
물, 둥글레, 곰취, 모란, 작약, 백작약 등을 심었다.

이 중 꽃이 아름답기로는 골담초, 둥글레, 모란, 백작약이 최고다. 특히 백작약은 옛날에는 산에서 쉽게 볼 수 있었지만 요즘은 하늘에 별 따기보다 어렵다. 그만큼 산 백작약은 귀한 꽃이 되었다. 청초하고 아름다운 기품이 있어 내가 좋아하는 꽃이다. 백작약은 혈액을 풍부하게 하고 간에 열을 내리고 소변을 잘 나오게 해 미백과 피부미용에 도움을 준다.

　함박꽃이라고도 했던 백작약의 꽃말은 부끄러움 또는 수줍음이다. 아름다운 소녀가 잘못을 저지르고 작약꽃 속에 숨었다는 전설에서 유래되었다고 한다.

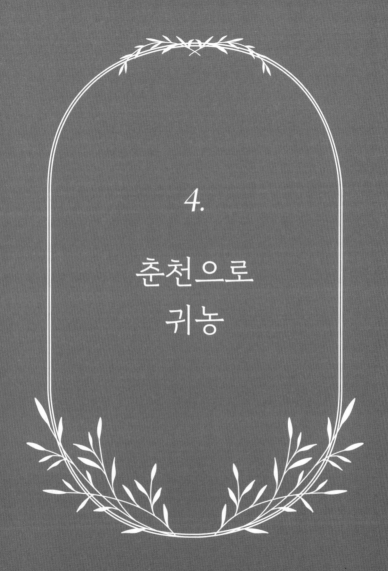

4.

춘천으로
귀농

세상에서 가장 아름다운 꽃밭

2018년 가을 나는 춘천 박사마을로 귀농을 했다. 심신이 지치기도 했고 약초와 꽃을 키우며 자연 속에서 살고 싶다는 생각이 강했다. 일단 귀농을 하면 자급자족을 해야 한다는 생각에 귀농 준비를 착실히 했다. 지게차와 굴착기 기능사 자격증을 따고 임대형 트랙터를 빌리기 위해 농기계 안전교육과 농기계교육을 받았다. 허름한 농가주택을 전세로 임대하고 1톤 중고 트럭도 구입했다.

25평 정도 되는 농가주택은 오래된 콘크리트 건물로 낡았지만 마당에 큰 텃밭과 주변에 활용 공간이 많았다. 무엇보다 마음에 든 것은 다른 농가와 100미터 이상 떨어져 있어 이웃 사람들과 부딪힐 일이 없다는 점이었다.

거실에 장작난로를 새로 설치하고 도배 대신 흰색 수성페인트를 사서 도배지 위에 칠하고 장판은 있던 그대로 사용했다. 사용한 지 오래된 등유보일러가 있었는데 겨울에 난방비가 많이 나왔다. 춘천의 겨울은 혹독한 편이라 아무리 연료를 아껴 써도 긴 겨울을 나려면 난방비만 최소 150만 원 이상 들어갔다. 나는 장작 난롯가에서 겨우내 마당의 텃밭을 어떻게 가꿀 것인지, 집 앞에 임대한 1,700평이나 되는 넓은 밭은 무엇을 심을

식물을 사랑할 때

것인지, 종자는 어디서 구입할 것인지 고민을 했다.

우선 마당의 텃밭은 봄엔 유채꽃밭을 만들고, 여름엔 메리골드, 백일홍, 백합, 천일홍이 가득 피는 꽃밭을 만들기로 했다.

집 앞의 1,700평의 밭에는 메리골드 꽃을 심고 밭 둘레엔 해바라기를 심기로 했다. 지금 생각해 보면 무모하기 짝이 없는 돈키호테 같은 계획이었지만 당시는 이 세상에서 가장 아름다운 꽃밭을 한번 만들어 보겠다는 생각에 기대감이 부풀어 있었다.

외지에서 들어온 사람에게 관심이 많은 동네 사람들은 나의 계획에 대해 황당하다는 표정을 지으며 판로 걱정부터 했다. 판로만 보장된다면 자신들도 해 보겠다는 것인데 그것은 내가 장담할 문제가 아니었다.

실패를 하더라도 나 혼자 감당하면 되지 동네 사람들까지 무모한 일에 끌어들이고 싶지 않았다. 실패할 경우 원성을 감당할 자신도 없었다. 당시 나는 돈보다는 농촌 경관에 더 관심이 있었다. 다만 내가 먼저 솔선수범해서 반응이 좋으면 마을 사람들이 동참하게 될 것이고 그렇게 되면 마을 전체의 경관이 좋아져 마을을 찾는 사람들이 많아질 것이라는 막연한 생각을 했다.

어쨌든 이 계획을 실천하기 위해 부지런히 씨앗을 구입하고 정보를 수집했다. 작은 텃밭 정도야 밭을 갈아 대충 씨앗을 뿌리고 잡초가 나면 호미로 매주면 되지만 1,700평의 밭은 그리 간단한 문제가 아니었다.

우선 내가 메리골드에 미친 이유부터 설명하는 것이 좋겠다. 메리골드는 내가 초등학교 다닐 때 학교 화단에서 보던 꽃으로 향이 강한 꽃이다. 메리골드에 필(Feel)이 꽂인 결정적인 계기는 서울에서 내가 자주 가던 뒷산 산책로에서 노인 한 분이 아침마다 지극정성으로 가꾸던 메리골드 꽃의 강렬한 향기 때문이었다. 가을 서리가 내리기 전 밤낮 기온차가 커지면 메리골드 꽃의 색감과 향기가 가장 강렬해진다. 나는 늦가을 어느 날 산책을 가다 그 꽃향기와 색감에 완전히 매료되었다. 메리골드는 척박한 땅에서도 잘 자라고 병충해에도 강한 꽃이다. 봄부터 늦가을까지 꽃이 계속 피고 져 개화기간이 긴 꽃이기도 하다. 토마토처럼 곁순삽목도 잘된다. 가지를 잘라 땅에 묻어 습도만 유지해 주면 뿌리를 내린다. 심지어 가지를 꺾어 물병에 꽂아두어도 뿌리가 내린다. 무엇보다 눈 건강에 좋은 루테인 성분과 지아잔틴 성분함량이 4:1 비율이어서 황반변성 치료에 가장 적합한 황금비율을 가진 꽃이라는 점이다. 뿐만 아니라 꽃차, 천연염색, 천연비누, 식초, 메리골드 오일 재료 등 활용 범위가 넓은 꽃이다.

가족들이 춘천에 오는 날이면 메리골드 꽃차, 메리골드 꽃밥, 메리골드 라면, 메리골드 빈대떡을 부쳐 먹기도 하고 메리골드 된장을 담가 먹어볼 생각까지 했다. 당시에 나는 메리골드에 완전히 미쳐 있었다.

메리골드를 심는다고 해도 비닐멀칭을 할 것인지 말 것인지부터 두둑과 밭고랑의 폭, 모종 간격, 제초제 사용 여부, 생산물 가공 및 판매 등 결정할 것이 한두 가지가 아니었다. 일단 최대한 친환경적으로 재배한다는 생각에 비닐멀칭과 농약을 사용하지 않기로 했다. 생산되는 꽃은 꽃차, 천연염색, 천연비누, 메리골드오일 등의 용도로 활용한다는 계획을 세웠다.

내가 세운 계획 중 가장 치명적인 실수는 비닐멀칭을 하지 않는다는 계획이었다. 그해 여름 메리골드 밭의 잡초를 제거하느라 정말 죽도록 고생을 했다. 내가 심은 꽃은 메리골드만이 아니었다.

유채, 메리골드, 자이언트해바라기, 테디베어해바라기, 홍화, 아마란스, 튤립, 수선화, 천일홍, 백일홍 씨앗을 뿌리고 꽃밭을 만들었다.

식물을 사랑할 때

마당 텃밭에 심은 유채꽃은 5월 중순이 되어서야 만개했다. 유채꽃은 낮에도 아름답지만 밤에 더 아름답다. 개구리 우는 밤에 보름달빛에 비친 유채꽃 감상하면 환상적인 느낌이 든다. 유채꽃이 지고 나서는 유채를 뽑아낸 자리에 백일홍을 심었다. 백일홍은 코스모스가 한창 필 무렵인 가을에 만발했다. 특별한 향기는 없지만 꽃망울이 예쁘고 색상이 다양하고 선명하다. 무엇보다 온갖 나비가 날아든다. 호랑나비, 사향제비나비, 팔랑나비, 표범나비, 은점표범나비, 암끝검은표범나비, 작은멋쟁이나비, 네발나비를 하루 종일 볼 수 있다. 특히 눈이 크고 더듬이가 귀여운 팔랑나비가 많다. 여러 종류의 나비를 구경하려면 백일홍 꽃밭을 만들면 된다. 집 앞의 1,700평의 밭에는 대부분 메리골드를 심었다. 지금 다시 하라고 하면 못할 것 같다. 재래종과 프렌치 메리골드 듀랑고 품종을 심었다. 재래종은 품종 구분이 안 될 정도로 잡종이 많아 여러 곳에서 씨앗을 받아 심었고 육묘장에서 구입한 듀랑고는 옐로우, 오렌지, 혼합색 3종이었다. 종류별로 구분해서 심었더니 꽃이 활짝 필 무렵 어찌나 아름답던지 아내와 밤에도 몇 번이나 랜턴을 들고 꽃밭으로 나가 꽃을 감상할 정도였다. 가을바람이 불면 메리골드 꽃이 일렁이면서 메리골드 특유의 향이 진동을 한다. 키가 사람보다 훨씬 큰 자이언트해바라기도 활짝 피어 꽃밭의 운치를 더해 주었다.

내가 계획했던 아름다운 꽃밭은 만들었지만 매년 계속 같은 규모의 꽃밭을 만들기 위해서는 어느 정도의 수익 창출이 필요했다. '구본근 케어팜'으로 사업자 등록을 내고 유치원생을 대상으로 체험수업을 하는 한편 꽃차를 만들어 온라인으로 판매를 하려고 했다. 문제는 관할보건소에서 영업신고를 하기 위해서는 공유주방을 이용하거나 별도의 근린생활시설이 필요했다. 당시 춘천에 공유주방이 있을 턱이 없었다. 그렇다고 가게를 얻는 것도 월세가 부담스러웠다. 결국 단념하고 말았다.

내가 메리골드 꽃잎을 갈아 넣어 만든 천연비누는 지금까지 사용하고 있다.

천연비누는 서울 중구에 있는 방산시장에 가서 비누베이스와 비누에 첨가할 에센셜오일, 비누틀인 실리콘 몰드 등 약간의 재료만 구입하면 쉽게 만들 수 있다. 비누베이스를 녹여서 급하게 만든 비누는 천연비누가 아니라는 사람도 있긴 있다. 오일과 수산화나트륨과 물만 사용해 장시간 저온숙성해서 만든 비누가 진정한 천연비누라고 주장한다. 나는 후자의 방법을 사용해 비누를 만들어 본 적은 없다.

어쨌든 천연비누를 제조해 판매하려면 화장품법과 같은 법 시행령이 정한 절차에 따라 허가를 받아 식품의약안전처장에게 등록을 하여야 한다. 천연비누와는 달리 천연염색 제품은 별도의 허가를 받지 않아도 판매하는 데 문제가 없다. 메리골드 오일을 제조·판매하려면 식용이냐 화장품이냐의 용도에 따라 식품일 경우 식품위생법에 따라, 화장품일 경우 화장품법에 따라 허가를 받아야 한다. 메리골드 오일 제조·판매는 간단한 문제가 아니어서 결국 포기하고 말았다. 막상 부딪혀보니 아이디어 하나만으로 할 수 있는 게 거의 없었다. 설령 허가를 받아 사업을 한다고 해도 판매가 잘 된다는 보장이 없기 때문에 이것저것 알아보고 신중하게 시작해야 한다. 메리골드 오일 담그는 방법은 유튜브를 통해 알게 된 것인데 수분이 없을 정도로 건조한 메리골드 꽃을 엑스트라 버진 올리브유에 담가 숙성시킨 것을 말한다. 피부 안티에이징 효과가 크고 벌레 물린 데나 화상에 잘 듣는다. 피부마사지를 하면 혈액순환을 촉진하는 효능이 있다

식물을 사랑할 때

고 한다. 그런데 내가 임대한 농가주택은 근린생활시설이 아니기 때문에 꽃차나 오일이나 천연비누 등을 제조·판매할 수 없었다. 할 수 있는 거라고는 체험학습밖에 없었다. 체험학습이라도 제대로 하려면 체험객을 위한 적절한 시설을 갖추어야 하는데 임차인이 원한다고 해서 시설을 할 수 있는 게 아니었다. 나는 꽃차를 만들기 위해 서울에 있는 동작여성인력개발센터와 용산여성인력개발센터 두 곳에 개설된 꽃차 자격과정을 마치고 2급 자격증을 땄다. 물론 청일점이었지만 워낙 열의가 강했던 시기라 받아주기만 하면 무조건 배우겠다는 생각이 간절해서 그런 것을 신경 쓸 겨를이 없었다.

천연염색을 독학으로 공부를 했다. 책을 보고 천연염색 재료를 판매하는 강북구 돈암동에 있는 '실크빌'이라는 회사를 찾아가서 원단과 매염제를 구입하면서 이것저것 궁금한 것을 물어서 배웠다. 집에 돌아가서 혼자서 실험을 하면서 천연염색 방법을 터득해 나갔다. 시골에는 염색재료가 널리고 널렸다. 메리골드, 달맞이꽃, 오배자, 쑥 등을 쉽게 구할 수 있어 마음만 먹으면 얼마든지 할 수 있다.

메리골드는 백반매염을 하면 환상적인 황금색을, 철매염을 하면 아름다운 카키색을 얻을 수 있다. 염색천은 실크, 린넨, 코튼 원단을 사용하는데 단백질이 풍부한 실크염색이 가장 잘되고 염색물이 잘 빠지지 않아 견뢰도가 좋다.

다양한 종류의 메리골드 품종으로 백반매염을 해 본 결과 듀랑고 품종은 황금색인 데 비해 재래종일수록 연두색에 가까운 황금색이었다. 매리골드도 품종에 따라서 성분 차이가 크다는 것을 염색을 통해 알게 되었다.

천염염색의 매력을 알게 된 후 봄에 달맞이꽃 뿌리를 캐서 삶은 물로 철

매염을 해 봤는데 가지색과 유사한 매혹적인 색을 얻을 수 있었다.

천연염색은 매염제에 따라 마술을 부리듯 색깔이 순식간에 변한다. 어릴 때 이러한 체험을 해 보면 나중에 자연과학에 더 많은 관심을 가질 수밖에 없다.

귀농을 해서 어느 정도 자급자족만 된다면 식물을 가꾸면서 살면 재미있는 일이 무궁무진하다.

나는 그때나 지금이나 농촌이 잘살게 되려면, 첫째 경관이 아름다워야 하고, 둘째 도시민이 쉬었다 갈 수 있는 다양한 체험과 치유프로그램이 있어야 한다고 생각한다.

우리나라 농촌도 일본 북해도의 라벤더 꽃밭, 네덜란드의 튤립 꽃밭이나 스위스 알프스의 동화 속 마을만큼 아름답지는 않아도 아름다운 풍경이 있어야 한다.

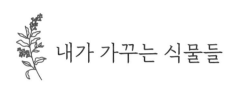

내가 가꾸는 식물들

식물에는 우리가 알 수 없는 묘한 게 있다. 어떤 식물은 보기만 해도 과거의 추억이 떠오르기도 하고 아무런 생각 없이 그냥 봐라만 봐도 마음이 편안해지고 스트레스가 완화된다. 사람의 마음에 생기를 주고 얼굴에 미소를 머금게 하는 존재가 식물이다.

건축가들은 "공간은 의식을 지배한다."는 말을 하곤 한다. 부처가 깨달은 인간관계의 진리 중에는 "내가 만난 사람이 나의 인생을 결정한다."는 말도 있다. 사람의 주거환경이나 만나는 사람이 그 사람의 삶에 그만큼 많은 영향을 미친다는 뜻이다. 그래서 나는 아름다운 꽃을 가꾸는 사람의 마음은 아름다울 수밖에 없다고 본다.

식물의 신비한 점은 이것만이 아니다. 식물은 인지능력 향상과 상상력을 자극하는 기특한 존재라는 것이다. 식물이 인지능력 향상에 관계된다는 것은 경험으로 쉽게 알 수 있다. 내가 어릴 때 아버지를 따라다니며 배운 식물은 평생 잊지 않고 대부분을 기억하고 있다. 등산을 하거나 공원을 갈 때도 습관적으로 식물을 관찰하고 이름을 기억한다. 텃밭에 키우는 130여 종의 식물 이름과 식물 하나하나와 관련된 스토리를 기억한다. 식물 이름만 해도 식물마다 몇 개의 이명(異名)이 있고 라틴어, 영어, 중국어 명칭까지 합치면 10여 개가 넘을 수 있다.

식물을 직접 키우거나 오감으로 느끼지 않고 사진이나 책을 보고 식물의 특징을 외우려면 굉장히 힘들다.

조경기능사 실기시험에 표준수종 120종 감별시험이 있는데 내가 보지 못했던 후박나무, 태산목, 금목서, 은목서, 치자나무, 꽝꽝나무 같은 남부 수종을 기억하느라 애를 먹었다. 그런데 내가 익산에 있는 동안 이들 나무를 직접 만져보고 향기를 맡아 본 후로는 평생 잊지 못할 정도로 그 나무의 위치, 형태, 특징이 사진처럼 기억 속에 저장되었다. 실내에서 키우는 식물도 버킨콩고, 크로톤 등 외래식물 이름을 장기간 기억하기 쉽지 않다. 만약 이러한 식물명을 책에서 사진으로 보고 암기했다면 얼마 지나지 않아 잊어버릴 것이다.

마찬가지로 내가 정원에서 키우는 130여 종의 식물도 직접 보지 않고 책으로 공부한다면 이름을 다 기억하지 못하거나 기억하는 데 애를 먹을 것이다.

식물을 키우다 보면 이름만 기억하는 것이 아니다. 예를 들어 장미를 보면, '장미의 종류는 몇 가지가 될까?'라는 의문부터 생긴다. 실제 장미품종은 25,000종이 넘고 지금 이 순간에도 장미 육종가들이 끊임없이 신품종을 생산하고 있다. 어떤 장미의 향기가 좋은지, 어떤 장미의 색깔이 아름다운지, 울타리에는 어떤 장미가 잘 어울리는지 등을 끊임없이 생각하게 된다. 뿐만 아니라 장미 한 그루 한 그루에 얽힌 사연을 기억하게 된다. 삽목을 한 것인지, 화원에서 구입한 것인지, 누구에게 얻어서 심은 것인지 등을 말이다.

내가 만약 장미를 삽목해서 키웠다든가, 어떤 화원에서 어떤 품종을 구

식물을 사랑할 때

입해 어디에 심었는지 나중에 그 장미를 보면 이 모든 경험들이 주마등처럼 스쳐 가며 기억으로 되살아난다는 점이다.

또 장미를 소재로 한 노래, 시, 소설을 접하면 우리의 의식은 AI보다 빠른 속도로 기억 저장공간을 찾아 장미와 관련된 추억을 끄집어낼 것이다.

장미 하나만 하더라도 이름, 특징, 가족 간 일화, 여행지, 노래나 문학작품 등 자신이 경험한 모든 것을 떠올리게 한다.

그렇다면 내가 텃밭에 키우는 130여 종의 식물은 어떨까? 1개당 10개의 기억을 떠올리면 1,300개, 1개당 100개를 떠올리면 13,000개의 기억이 나는 것이다. 억지로 공부를 해서 1,300개의 단어를 기억하려면 엄청난 스트레스를 받을 것이다. 그러니 13,000개를 어떻게 기억하겠는가? 그런데 식물은 굳이 의식하지 않아도 아름다운 추억과 함께 영상처럼 기억 속에 저장되어 있기 때문에 인지능력 개선에 큰 도움을 준다고 봐야 한다.

뇌과학자들에 의하면 우리 뇌의 저장 공간과 관련해 생물과 무생물의 기억 저장소가 다르다고 한다. 그렇다고 보면 책이나 사진에 나오는 식물을 암기하는 것과 오감을 통해 식물을 느끼면서 인식하는 것도 뇌 속의 저장 공간이 다를 수 있다.

또한 식물을 가꾸고 관찰하다 보면 식물은 나에게 윌리엄 워즈워스와 같은 시인이 되어라 하고, 조지아 오키프 같은 화가가 되어라 하고, 헨리 데이비드 소로우 같은 철학자가 되어라 하고, 아이작 뉴턴과 같은 과학자가 되어라 하기도 한다.

나는 춘천에서 아내가 좋아하는 장미울타리를 만들고 봄부터 가을까지 연이어 꽃을 볼 수 있도록 꽃밭을 만들었다. 물론 부모님이 생각나는 약초도 많이 심었다. 꽃향기가 좋은 식물을 심고, 황량한 겨울에도 온기를 느낄 수 있도록 황금빛이 나는 에메랄드골드 나무를 몇 그루 심었다. 다양한 나비가 찾아올 수 있도록 나비생태정원도 만들어 나비와 벌과 같은 곤충의 생태를 관찰할 수 있도록 했다. 약초, 독초, 잡초를 함께 키우면서 식물의 사계절 변화를 관찰하고 있다. 소설이나 시 속에 나오는 식물을 심어 보기도 한다.

텃밭에는 언제나 나의 손길을 기다리는 식물 친구들이 있다.

회화나무, 흑자두나무, 서부해당화, 꾸지뽕나무, 쥐똥나무, 황벽나무, 오갈피나무, 쉬나무, 주엽나무, 가래나무, 엄나무, 뽕나무, 산초나무, 초피나무, 망개나무, 감태나무, 개옻나무, 붉나무, 닥나무, 능소화, 등나무, 장미, 해당화, 만첩홍매화, 홍도, 복숭아나무, 포도나무, 라일락, 미스김라일락, 알프스오토메, 꽃사과, 굴참나무, 갈참나무, 신갈나무, 떡갈나무, 졸참나무, 금송, 배롱나무, 체리나무, 에메랄드그린, 에메랄드골드, 문그로우, 골드스마라그, 중국측백, 블루바드, 팥배나무, 참느릅나무, 매자나무, 계수나무, 노각나무, 화살나무, 고추나무, 이스라지, 개머루, 새머루, 해당화, 인동, 천남성, 투구꽃, 쥐오줌풀, 큰꽃으아리, 참으아리, 인동, 플록스, 꽃잔디, 끈끈이대나물, 익모초, 방풍, 쥐방울덩굴, 하늘타리, 기린초, 톱풀, 모란, 작약, 할미꽃, 자소엽, 붓꽃, 자주달개비, 접시꽃, 아마란스, 좁쌀풀, 꿀풀, 삼지구엽초, 관중, 처녀치마, 단풍마, 참마, 인디언국화, 수레국화, 루드베키아, 패랭이, 수염패랭이, 튤립, 참나리, 털중나리, 백합, 수선화, 노랑꽃창포, 구절초, 도라지, 바디나물, 밀나물, 꿩의다리, 봉삼, 고삼, 아스타국화, 큰까치수영, 호장근, 은방울꽃, 매발톱, 둥굴레, 각시둥글레, 위릉채, 오이풀, 벌개미취, 산국, 피나물, 범부채, 활나물, 윤판나물, 나팔꽃, 유홍초, 초롱꽃, 금낭화 등이다.

식물을 가꾸다 보면 어떤 식물은 향기 때문에 또 어떤 식물은 아름다운 이름 때문에 다시 보게 되는 경우가 많다.

식물 이름과 연관된 노래를 찾아보면 동요, 가곡, 유행가 등 참 많기도 하다. 고려가요 〈청산별곡〉부터 시작해 현대 가요도 꽃과 관련된 노래는 수없이 많다.

노래나 문학작품의 소재가 되었거나 될 만한 식물로는 목련, 모란, 앵두, 다래, 머루, 매화, 억새, 여로, 여뀌, 창포, 수련, 버들, 달래, 냉이, 씀바귀, 찔레꽃, 제비꽃, 꽃다지, 민들레, 수선화, 진달래, 도라지, 으아리, 히어리, 기린초, 돌단풍, 바위취, 산수국, 들국화, 해당화, 라일락, 자스민, 봉선화, 제비꽃, 명자꽃, 치자꽃, 아까시, 개나리, 마타리, 어수리, 만병초, 산자고, 얼레지, 노루귀, 바람꽃, 구절초, 할미꽃, 풍선초, 유홍초, 인동초, 기린초, 엉겅퀴, 지칭개, 개망초, 질경이, 패랭이, 뻐꾹채, 금은화, 금낭화, 담쟁이, 옥잠화, 사랑초, 바랭이, 코스모스, 프리지아, 처녀치마, 아주까리, 이스라지 등이 있다.

'쥐오줌풀', '노루오줌', '홀아비꽃대', '애기똥풀', '며느리밑씻개', '꽃며느리밥풀', '개불알꽃', '중대가리풀', '소경불알풀', '미나리아재비', '사위질빵' 같은 식물은 인간이 작명을 잘못하는 바람에 노래로 불리기 어려운 운명에 처한 식물들이다.

실제 개불알꽃은 너무나 아름다운 꽃인데 말이다.

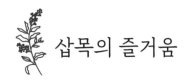

삽목의 즐거움

나무를 심다 보면 묘목 값이 만만찮게 들어간다.

또 묘목상들이 귀농인들을 대상으로 장밋빛 전망을 제시하며 묘목 구입을 권하는 경우도 있다. 그래서 궁리하게 되는 것이 삽목이다.

비싼 묘목은 대부분 번식이 어려운 경우가 많고, 아무리 인기 있는 나무나 꽃이라도 대량 번식이 가능한 식물은 가격이 내려갈 수밖에 없다.

식집사들 사이에 인기 있는, 한 촉에 수천만 원을 호가하는 희귀난이나 몬스테라 알보 같은 식물이 비싼 이유는 그만큼 번식이 어렵기 때문이다.

나무를 번식하려면 씨앗을 심거나 삽목을 해야 한다. 씨앗을 구해 심는 방법도 재미있고 삽목을 하는 것도 흥미진진하다. 우선 씨앗은 직접 정원에 심는 방법도 있지만 화분에 심어 거실에서 두었다 봄에 옮겨 심는 것도 좋은 방법이다. 나는 늦가을에 떨어진 참나무 도토리를 화분에 심어 거실에서 키워 본 적이 있다. 물을 주고 정성을 쏟았더니 도토리에서 새싹이 올라오고 잎이 나고 성장하는 모습을 보는 것이 얼마나 즐거운지, 그리고 그 즐거움이 내가 쏟은 수고에 몇 갑절이나 된다는 것을 알았다.

초등학교 저학년 때 포플러나무라고도 하는 미루나무 가지를 잘라 삽목을 시도해 본 적이 있다. 땅속에 뿌리가 내리도록 가만히 두어야 하는

식물을 사랑할 때

데 뿌리가 내렸는지 궁금한 나머지 사흘이 멀다 하고 삽수를 뽑아 확인했던 일이 있다.

다행히 한 그루는 살아남아 지금은 큰 나무로 성장했다.

삽목은 정성과 기다림의 미학이다. 뿌리가 잘 내리기를 바라는 간절한 기대감과 소망이 있기에 하루하루가 즐겁다. 즐거움이라는 게 거창한 데서 오는 것만은 아니다. 하루하루가 기다려지고 작지만 소소한 즐거움이 있어야 삶이 즐겁다.

여러 가지 나무를 가지고 삽목을 시도해 봤다. 삽목에 대한 이해나 기술 없이 주변에 있는 장미, 매실나무, 서부해당화, 금송, 등나무, 문그로우, 에메랄드골드, 목련, 불두화, 개머루 등 여러 종류의 나무를 가지고 삽목을 시도했으나 개머루와 등나무, 에메랄드골드를 제외하고는 모두 실패했다.

뿌리가 잘 내릴 수 있도록 삽수에 발근제를 바르고 플라스틱 두부상자 같은 용기에 깨끗한 강모래를 담아 삽목을 한 후 햇빛이 잘 들지 않는 곳에 두고 모래에 물이 마르지 않도록 물을 자주 뿌려주면 된다고 하는데 쉽지 않았다.

나는 고구마 농사를 짓다가 놀라운 경험을 한 적이 있다. 고구마는 순을 잘라 비스듬하게 심게 되는데 나무로 치면 삽목과 같은 것이다. 첫해 고구마 농사를 지을 때는 묘목상에서 사온 고구마 순을 바로 심었더니 뿌리를 내리기도 전에 1/3은 시들어 말라 죽었고 살아남은 고구마는 실처럼 가는 뿌리를 땅속에 깊이 내리기만 했지 고구마 뿌리가 거의 달리지 않았다. 고구마 뿌리가 땅속에 너무 깊이 박혀 있어서 캐느라 애를 먹었다.

이듬해에는 같은 땅에 고구마순을 바로 심지 않고 흐르는 차가운 개울물에 일주일 정도 담갔다가 심었더니 생존율이 거의 100%에 가까웠다. 가을에 수확을 해 본 결과 땅속 얕은 곳에 굵은 뿌리를 내려 캐기도 쉬웠고 수확량도 전년도보다 4~5배나 많았다. 왜 그런지 지금도 이해할 수 없다.

아마도 일주일 이상 차가운 물속에 있으면서 더 이상 필요 없을 정도로 물을 충분히 빨아들이고 뿌리를 내릴 만반의 준비를 하고 있어서 그런 게 아닌가 하는 생각이 들었다.

요즘 유튜브를 보면 별의별 삽목기술이 나온다. 발근제 대신에 꿀, 계피가루, 렌틸콩물, 발포성 비타민 C, 생마늘을 삽수의 절단면에 바르거나 바나나, 알로에, 감자, 토마토를 활용해 삽목을 하는 경우도 보았다.

어떤 사람은 수분관리를 위해 구멍을 뚫은 패트병을 사용하는 경우도 있었다.

삽목은 흥미 있는 일이며, 성공하면 묘한 쾌감을 느낄 수 있어 치유농업의 소재로 활용해 볼 만하다.

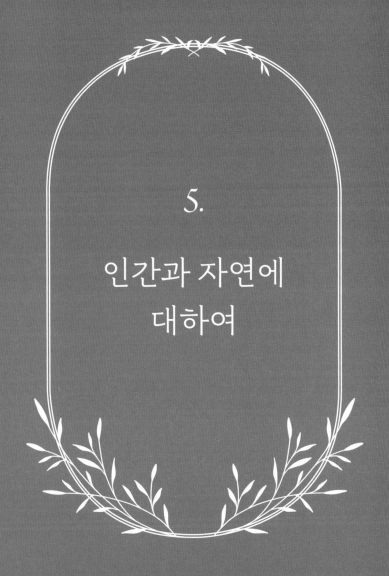

5.

인간과 자연에
대하여

퇴계 이황의 반려 식물 매화

식물을 사랑하다 못해 식물에 미친 사람들이 간혹 있다.

대표적인 예로 조선의 퇴계 이황, 중국 송나라 시인 임포, 독일의 시인 헤르만 헤세, 프랑스의 인상파 화가 오스카 클로드 모네, 한국으로 귀화한 천리포 수목원 설립자인 민병갈(미국명 칼 페리스 밀러)을 꼽을 수 있다.

퇴계 이황 선생(1501~1570)의 매화 사랑은 각별하고 극진했던 것으로 너무나 잘 알려져 있다. 그의 매화 사랑은 중국 송나라 시대 임포(林逋, 968~1028)에 비견될 만하다. 임포는 항주 출신으로 서호의 고산에 은거해 일생 독신으로 살면서 매화 300그루를 심고 학 두 마리를 기르며 결혼 대신에 매화를 아내로, 학을 자녀로 삼은 매처학자(梅妻鶴子)로 현재까지 그 이름이 전한다. 임포 정도가 되면 자연인 중에 진정한 자연인이다. 반려 식물로서 그의 매화 사랑은 일반인은 이해하기 어려울 정도로 지독하다. 임포는 왜 매화를 그토록 좋아했을까?

이에 반해 조선의 퇴계 이황 선생은 은둔 학자는 아니었다. 그러나 매화 사랑만큼은 임포에 못지않았다. 매화를 좋아하다 못해 그가 남긴 마지막 유언이 "저 매분에 물을 주어라."였다고 하니, 아니 도대체 그에게 매화란 존재가 무엇이기에 죽기 직전까지 가족도 제자도 아닌 매화에 대한 유언을 남겼을까? 뿐만 아니라 퇴계 선생은 평소에 매화를 매선(梅仙), 매형(梅兄), 매군(梅君)으로 의인화하여 인격체로 대접했다. 이 정도면 퇴계에게 매화는 가족 이상의 반려 식물임이 명백하다. 매화와 관련된 매화시만 72제 107수를 지었고 그중 62제 91수가 『매화시첩』에 수록되어 있다.

내가 가지고 있는 책 중에 『매화시첩』 석판본이 있다. 그 책이 계기가 되어 퇴계 선생의 매화 사랑에 더 많은 관심을 갖게 되었다.

우리가 흔히 볼 수 있는 청매화와 백매화는 그리 화려한 꽃도 아닌데 뭇 사람들이 시로 노래한 이유는 무엇일까? 바로 추위 속에 가장 먼저 피는 매화의 그윽한 향기 때문이리라. 나는 이른 봄 청매화가 필 때면 매화꽃 가지 옆을 하루에도 몇 번이나 서성거리다가 "아! 이래서 많은 사람들이 매화를 노래했구나!" 하고 감탄한 적이 있었다. 이른 봄 바람결에 스치는 은은한 청매화 향기는 말로 표현할 수 없을 만큼 상큼하고 매혹적이다. 매처학자로 불린 북송시인 임포의 시 〈산원소매(山園小梅)〉에서 그윽한 매화향기를 암향(暗香)이라 표현했다.

옛날부터 〈산원소매〉는 매화를 노래한 천고의 절창이라 평가받아 왔다. 특히 "疏影橫斜水淸淺(소영횡사수청천)/暗香浮動月黃昏(암향부동월황혼)"이라는 구절은 사람이 아닌 신이 쓴 것으로 칭송되는 구절이다. 오늘날 많은 사람들이 매화나무의 모습과 향기를 생동감 있게 묘사하기 위해 자주 차용하는 소영암향(疏影暗香)도 바로 임포의 시 〈산원소매〉에서 가져온 것이다.

상지대학교 이상은 교수가 번역한 〈산원소매〉 중 소영암향(疏影暗香)이 나오는 구절만 옮기면 이렇다.

疏影橫斜水淸淺(소영횡사수청천)

성긴 그림자 맑고 얕은 물속에 비스듬히 비치고

暗香浮動月黃昏(암향부동월황혼)

그윽한 향기 몽롱한 달빛 아래 은은히 풍기네

매화를 노래한 시인은 셀 수 없을 정도로 많다. 아니 시인치고 매화를 노래하지 않은 사람이 없을 징도다. 매죽헌 성삼문의 〈매창소월(梅窓素月)〉, 율곡 이이의 〈매초명월(梅梢明月)〉, 다산 정약용의 〈부득당전홍매(賦得堂前紅梅)〉, 조지훈의 〈매화송〉 등이 있다.

달빛 아래 매화를 감상하면서 시를 짓는 퇴계 선생의 마음은 어떠했을까?

조선 중기 성리학을 체계화해 동방의 주자라고 불린 대학자인 그가 스스로 "나는 살면서 매화를 혹애(酷愛)하는 벽이 많았다(我生多癖酷愛梅)"고 고백한 글이 퇴계 선생 문집에 실려 있다. 혹애라는 말의 사전적 의미는 '끔찍이 사랑함'이다. 나는 『매화시첩』을 볼 때마다 왜 퇴계가 병적일 만큼 매화를 끔찍이 좋아하고 죽는 순간까지 매화에 집착했는지 궁금했다.

그 이유가, 야사에 전하는, 단양군수로 부임할 때 관기였던 두향(杜香)과의 러브스토리 때문인지, 선비로서 학문을 닦고 마음을 수양하기 위한 격물치지의 대상인지, 그것도 아니면 먼저 죽은 두 명의 부인과 젊은 나이에 요절한 둘째 아들과의 부부지정과 부자 지정의 못다 한 정을 나누기 위한 회상의 매개체인지, 여러 가지 궁금증과 호기심이 발동했다.

먼저 퇴계 선생의 불행했던 가정사를 보자.

우선 퇴계 선생의 가정사를 보면, 그의 부친 이식(李埴)은 퇴계가 태어난 지 7개월 만인 마흔 살의 나이로 사망하여 홀어머니 춘천 박씨 슬하에서 자랐다. 1521년(21세) 경남 의령 출신인 동갑 나이인 허 씨와 결혼하여 자식 둘을 낳았다. 그의 나이 27세 때인 1527년 부인 허 씨가 5살인 장남 이준과 태어난 지 한 달밖에 되지 않은 둘째 아들 이채를 남기고 출산 후 유증으로 세상을 떠났다.

이후 퇴계는 1530년(30세) 안동에서 귀향살이를 하던 권질(權磩, 1483~1545)의 딸과 재혼을 했는데 문제는 권 씨 부인은 정신이 온전하지 못한 사람이었다. 정신이 온전치 못한 데에는 그럴 만한 사연이 있었다. 권 씨 부인은 갑자사화와 신사무옥 때 참혹한 일을 당한 안동 권씨 집안의 여자였다. 할아버지 권주(權柱, 1457~1505)는 성종이 폐비 윤비를 사사할 때 사약을 가지고 갔다는 죄목으로 평해로 유배되어 이듬해 사약을 받았다. 이 소식을 들은 그녀의 할머니도 자결했다. 아버지 권질은 갑자사화 때 거제도로 유배되었다가 중종반정 때 풀려났으나 신사무옥 때 또다시 예안(안동의 옛지명)으로 귀양 갔다. 숙부 권전(權磚, 1490~1521)은 신사무옥 때 곤장 170대를 맞아 사망했고 그 아내는 관청의 노비로 끌려갔다.

퇴계는 권 씨 부인이 어린 나이에 받은 충격 때문에 정신이 온전치 못한 것을 알면서도 그의 장인 권질의 간청으로 결혼을 했으나 결혼생활 중 마음고생이 심했다고 한다.

장인 권질은 1545년 병으로 세상을 떠났다. 설상가상으로 그 이듬해인 1546년 7월에 측은하기 그지없었던 그의 둘째 부인 권 씨마저 출산 중에 죽었다. 태어난 아기도 며칠 뒤에 죽고 말았기 때문에 권 씨와의 사이에 낳은 자식은 없었다. '하늘도 무심하지'라는 말은 이럴 때를 두고 한 말이 아닐까.

둘째 부인이 죽고 난 뒤 2년 후인 48세 때인 1548년 단양군수로 부임한지 1달 만에 첫째 부인 허 씨 사이에 난 둘째 아들 이채마저 22세의 나이에 결혼하자마자 요절하고 말았다. 어쩌면 퇴계는 동서고금을 통틀어 가장 불행한 가정사를 겪은 사람 중 한 사람이었을지도 모른다. 한 인간의 삶의 무게가 퇴계만큼 무거웠던 사람도 없었을 것이다.

퇴계만큼 불행한 일을 반복해서 겪는다면 아무리 성인이고 강철 같은 심장을 가진 사람이라도 멘탈 붕괴를 가져올 수밖에 없을 것이다. 보통 사람이라면 실성을 하거나 무심한 하늘을 원망하고 박복한 사신의 신세를 한탄하면서 술에 의존해 살거나 세상을 버리고 은둔해 살았을 것이다.

그런데도 70세까지 장수한 퇴계는 후학을 양성하면서 학문에 전념해 위대한 학문적 업적을 남겼다. 세상의 길흉화복을 초월한 성인이어서 그런 것일까? 아닐 것이다. 그가 가진 심리적 트라우마를 극복할 수 있었던 비결이 무엇일까? 퇴계가 매화를 혹애(惑愛)했던 이유에 대해서는 3가지 설이 있다.

첫 번째는 학문과 관련된 설이다. 매화는 퇴계가 평생 매달린 성리학의 3대 요체인 태극, 이기, 심성의 비밀을 간직한 꽃이어서 우주와 만물이 어떻게 생기고 변화하는지와 같은 근원적 물음에 답변이 막힐 때마다 매화와 대화를 했기 때문에 매화를 혹애했다는 설이다. 그러나 내가 보기에는 너무 인간적이지 못한 해석이다.

두 번째는 기생 두향(杜香)과 관련된 설이다. 퇴계 나이 48세 때인 1548년 1월부터 9개월간 단양군수로 부임하면서 관기로 있던 18세의 기생 두향을 만났다는 것이다. 두향은 단종 복위 도모에 참여한 사대부 가문으로, 역모에 휘말려 조실부모하고 관기로 전락했지만 미모는 물론 시와 거문고에 능했고 난과 매화를 기르는 분매 솜씨 또한 뛰어났다고 한다. 퇴계는 두향을 만나 애절한 사랑을 나누는 관계가 되었는데 두향은 그러한 마음을 담아 어머니에게 물려받아 소중하게 기르던 매화분을 퇴계에게 선물했다는 것이다. 퇴계는 두향을 만난 지 9개월 만에 풍기군수로 발령이 나 자리를 옮기면서 두 사람은 생전에 다시 만나지 못하는 관계가 되었는데 퇴계는 두향을 평생 잊지 못해 매화를 좋아했다는 설이다.

둘째 아들 이채가 죽던 그해, 길면 9개월 정도 만났던 두향과 평생 잊지 못할 만큼 애절한 관계가 되었다는 설 자체가 성립하기 어려운 이야기다. 또한 두향과 관련된 이야기는 문헌상 전혀 근거가 없는 정비석의 소설 『명기열전』에 나오는 가공된 픽션일 뿐이다.

세 번째는 허 씨 부인과 관련된 설이다. 매화를 27세 때 죽은 동갑내기 첫째 부인 허 씨의 분신 같은 존재로 보는 입장이다.

안동대학교 신두환 교수는 『퇴계의 매화시 재조명』이라는 논문을 통해 퇴계가 33세 때 지은 연작시 10수의 〈매화시〉 곳곳에는 27살의 나이에 죽은 허 씨 부인의 형상이 들어 있다고 주장했다.

이 시는 허 씨 부인이 죽은 지 5년째 되던 1533년 음력 2월 의령의 장인 집을 방문해 허 씨 부인을 추억하면서 지은 시로 40구절이나 되는 매화시 10수 연작시다.

어떤 이유 때문인지는 몰라도 33세 이후 42세까지는 매화시를 짓지 않은 것으로 알려지고 있다. 퇴계 나이 42세(壬寅年, 1542)에 홍문관 교리로 있을 때도 〈옥당억매(玉堂憶梅)〉라는 시를 지었다. 48세 때 단양군수로 부임할 때 만난 두향과는 아무런 관련이 없는 6년 전에 지은 시다.

나는 다른 어떤 설보다 신 교수의 주장이 합리적 해석이라고 본다.

퇴계에게서 매화는 단순한 꽃이 아니라 죽은 허 씨 부인의 분신 같은 존재로 봐야만 퇴계의 매화에 대한 혹애벽을 이해할 수 있다.

　퇴계의 매화 사랑에 대한 의문은 독일의 대문호인 헤르만 헤세(1877~
1962)가 쓴 『정원에서 보내는 시간』에 나오는 그의 고백을 보면 어느 정도
이해가 간다.

　　"정원 속 경치는 수년간 밤낮으로 매 시간, 어떤 계절이든
　　어떤 날씨든 가리지 않고 나에게 친밀한 감정을 불러일으키
　　기 때문이다. 그곳에서 자라는 모든 나무가 잎사귀와 꽃을
　　피우고 열매를 맺는 모습은 물론, 성장하고 소멸해 가는 과
　　정을 나는 이미 잘 알고 있다. 그 모든 것들이 내 친구이다.
　　나는 그들의 모든 비밀을 알고 있다. 오직 나만이 알고 있고
　　다른 누구도 알지 못한다. 만약 그 나무들 가운데 한 그루라
　　도 잃는다면 나는 친구 한 명을 잃는 것과 같을 것이다."

　다만 헤세는 퇴계와는 달리 특정한 하나의 나무에 집착한 것은 아니다.
그러나 우울증이 자주 재발했고 가정적으로 불행했던 헤세는 힘들 때마
다 정원 가꾸기에 깊이 빠져들어 나무를 통해 위안을 얻었다. 헤세가 정
원에서 가꾼 나무는 그 무엇보다 소중한 반려 식물과 같은 존재였다.

　1946년 노벨문학상을 받은 헤세는 퇴계만큼은 아니지만 가정적으로 매
우 불행했다. 그는 목사의 아들로 태어나 14세 때 기숙학교인 신학교에
들어갔지만 적응을 하지 못하고 도망치는 바람에 그의 아버지는 아들을
정신요양원에 입원시키기까지 했다. 그의 나이 39세 때 심각한 우울증에
걸려 정신분석치료를 받았다. 결혼 생활도 순탄치 못했다. 3번 결혼하고

2번 이혼을 했다. 9살 연상인 첫 번째 부인에게는 자신의 정신병 발병 때문에 이혼을 당했고, 첫 번째 부인 사이에 태어난 아들 중 하나는 우울증에 걸려 자살로 생을 마감했다.

다시 퇴계로 돌아와 보자. 매화를 두향과 연결 짓는 것은 흥미 있는 스토리이긴 하다. 그러나 퇴계 나이 48세에 그것도 잠시 만난 여인을 평생 잊지 못해 죽는 날까지 매화를 애지중지했다는 것은 소설이라면 가능하지만 실제로 가능한 이야기일까 하는 의문이 든다.

첫사랑을 평생 잊지 못한다는 얘기는 많다. 그것은 가장 순수한 청춘들의 만남이기 때문에 가능한 것이지 산전수전 모진 풍파를 다 겪고 감성이 무뎌진 48세에 그것도 전 부인 두 명과 아들마저 먼저 보낸 홀아비가 늘그막에 만난 두향을 잊지 못해 매화분을 곁에 두고 매일매일 감상했다는 것은 뭔가 어색하다. 더욱이 평생 학문과 마음을 갈고닦으면서 선비의 표본이라고 할 만큼 제자들로부터 존경받았던 사람이다.

헤세에게 정원의 나무는 반려 식물로서 말 없는 친구 같은 존재라면 퇴계에게 매화는 죽은 아내의 환생 같은 존재로 보는 것이 맞을 것이다. 나무가 속삭이는 비밀이 무엇을 의미하는지, 그리고 나무가 인간보다 더 현명하다는 것을 헤세와 퇴계는 시대와 장소를 초월해 알았을 것이다. 나도 나무를 심고 가꾸면서 나무를 바라보고 쓰다듬어 주기를 좋아한다. 아버지와 추억이 얽힌 나무를 보면 곧바로 지난 기억이 주마등처럼 지나간다. 나무가 회상의 매개체가 되고 위안이 된다면 오랜 시간 동안 자신이 직접 정성을 다해 심고 가꾸는 나무에게서 그런 감정을 더 느낄 수 있을 것이다.

퇴계 선생의 매화에 얽힌 '혹애' 수수께끼를 풀기 위해서는 문학을 하는 사람보다는 칼 구스타브 융과 지그문트 프로이트 같은 심리학자가 나을 것이다.

영국의 정신과 의사이자 심리치료사인 수 스튜어트에 의하면 슬픔은 사람을 고립시키고 각자가 상실감에 혼란스러워하기 때문에 서로가 격해진 감정에 다치지 않도록 감정이 폭발할 때는 사람들을 피하려는 경향이 있는 데 반해 나무, 물, 돌, 하늘은 인간의 감정에 무감각하지만 우리를 거절하지 않고 인간의 감정에 흔들리지 않기 때문에 인간의 상실로 인한 외로움을 오히려 달래주는 위안이 될 수 있다고 주장하고 있다. 꽃에 대한 애착은 꽃이 과거의 기억과 연상의 매개체가 되기 때문이라고 설명하고 있다.

프로이트에 대해 깊이 연구한 수 스튜어트는 꽃의 기능 중 과거 기억과 연상작용의 예로 프로이트를 들고 있다. 그가 근거로 제시한 프로이트의 일화를 요약히면 다음과 같다.

프로이트는 일생 동안 두 가지 꽃을 각별히 좋아했는데 치자꽃과 '니그리텔라 니그라'(Nigritella Nigra)라는 알프스 난초였다고 한다. 초콜릿과 바닐라향이 섞인 섬세하고 강렬한 향기를 풍기는 짙은 적자색 꽃을 피우는 '니그리텔라 니그라'를 좋아했던 이유는 이 작은 꽃이 프로이트에게 결혼 직후 산길을 산책하던 때 희귀한 꽃이 무리지어 핀 광경을 보고 가파른 기슭에 기어올라 꽃을 꺾어 새 신부 마르타 베르네이스에게 선물했던 아름다운 추억을 회상시켜 주었기 때문이다.

이와 같은 전문가의 견해가 맞는다면 가족 상실로 트라우마를 겪었던 퇴계, 헤세도 식물에서 위안을 받은 것으로 추측해 볼 수 있다.

퇴계에게 매화의 존재는 출산 후유증으로 27세의 꽃다운 나이에 죽은 첫째 부인 허 씨에 대한 회상의 매개체일 가능성이 높다. 퇴계와 비슷한 상실의 아픔을 겪은 사람들의 식물에 대한 집착이 퇴계와 유사함을 알 수 있다.

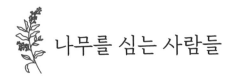

나무를 심는 사람들

나무를 키우는 재미와 관련해 영국 우스터셔주 잉크베로우(Inkberrow) 마을에 사는 한 노부부의 전나무 이야기만큼 나에게 영감과 감동을 주었던 것은 없었다.

2021년 영국 우스터셔주의 잉크베로우라는 마을에 살던 에이브릴(75)과 크리스토퍼 롤랜즈(76) 부부의 집 마당에 있는 전나무 크리스마스트리 이야기가 '잉크베로우의 기적'으로 화제가 된 적이 있다. 노부부가 43년 전 집 마당에 심은 180센티미터 크기의 작은 전나무가 15미터가 넘는 수형이 멋진 나무로 성장했다. 키 큰 전나무는 크리스마스트리 장식 불빛으로 장관을 이루게 되자 멀리 있는 이웃 마을 사람들까지 함께 모여 마을 축제를 벌이는 명소로 자리 잡았다는 이야기다.

마을 축제 때 모금을 해서 자선단체에 기부까지 한다니 전나무 한 그루가 기적을 만든 것이다.

원래 전나무는 상록 침엽수로 가문비나무, 구상나무와 함께 크리스마스트리로 불릴 만큼 수형이 아름답다.

나는 이 노부부에 대한 언론기사를 읽고 나도 언젠가는 멋진 크리스마스트리용 나무를 키워 보겠다는 생각으로 아주 작은 2년생 은청가문비 묘

식물을 사랑할 때

목 2그루를 심었다. 크리스마스트리용으로는 잎이 억센 가문비보다 덜 억센 전나무나 생김새에 비해 잎이 아주 보드라운 구상나무가 더 좋다.

나는 나무심기를 좋아한다. 텃밭을 가꾸고 나무를 심는 일은 반려동물을 키우는 즐거움 못지않게 크다. 텃밭을 가꾸면서 매일 매일 나무의 변화를 관찰하는 일은 나에게 가장 큰 즐거움이다. 내가 좋아하는 나무 중 하나가 참나무인데 몇 년 전부터 텃밭에 여러 종류의 참나무 도토리를 심기 시작했다.

한번은 졸참나무 도토리 20여 개를 주워 젖은 화장지에 둘둘 싸서 뚜껑이 있는 투명한 유리컵에 담아 빛이 잘 드는 사무실 창가에 두었다.

투명한 유리컵을 사용한 이유는 뿌리와 싹이 나는 것을 육안으로 확인하기 위해서였다. 그런데 한 달이 지나도 아무런 소식이 없어 왜 싹이 나지 않는지 궁금했다. 휴지에 싼 도토리를 끄집어내 확인을 해 봤더니 껍질 부분만 시꺼멓게 변색된 채 싹이 날 기미가 보이지 않았다.

혹시 도토리가 썩었는지 확인해 보기 위해 칼로 껍질을 살짝 벗겨봤더니 알맹이가 살아 있었다. 꺼낸 도토리를 다시 휴지에 싸서 컵 속에 넣고 또 한 달이 지난 1월 26일 끄집어냈는데 깜짝 놀랄 일이 벌어졌다.

20개 도토리 중에 3개가 4센티미터 길이로 젖은 화장지 속에 뿌리를 내리고 있었다. 불과 한 달 사이에 뿌리가 그렇게 많이 자란 것이다. 도토리가 뿌리를 내리는 모습은 생명이 움트는 경이로움 그 자체였다. 나는 뿌리를 내린 도토리를 주변 사람들에게 한번 보라고 권하기도 하고 핸드폰으로 사진도 찍었다.

만약 도토리를 심지 않고 그냥 방치했다면 싹이 날 리도 없고 아무런 느낌도 없을 것이다. 그러나 싹이 틀 수 있는 환경을 만들어 주고 생명의 탄생과 성장을 기다리고 바라보는 것은 큰 즐거움이자 신비한 체험이다. 뿌리를 내린 도토리 세 개는 조금 큰 화분으로 옮겨 심었다. 물론 지금도 잘 자라고 있고 언젠가는 땅에 옮겨 심을 작정이다.

일 때문에 춘천에서 익산으로 와 있는 나는 퇴근 후 제일 먼저 거실에 있는 식물의 상태를 살핀다. 춘천의 농가주택에 살 때에는 마당과 텃밭의 식물 상태를 수시로 확인하는 것이 하루 일과였고 가장 큰 즐거움이었다. 눈의 피로를 풀고 신장을 풀기 위해 의식적으로 녹색식물을 자주 보고 잎을 만져 본다.

씨앗을 심고 싹이 나서 하루가 다르게 성장하는 식물을 관찰하는 것이 스마트폰을 보는 것보다 훨씬 즐겁고 행복하다. 이것이 스마트폰 중독에서 벗어나는 나만의 비법이다.

실내에서 식물을 키우는 것도 즐거운 일이지만 정원이나 텃밭에서 나무와 꽃을 심고 가꾸는 일은 더 큰 즐거움을 준다. 식물을 가꾸는 사람들은 남들이 모르는 그들만의 천국을 식물에서 찾는지도 모른다.

장 지오노의 소설『나무를 심는 사람』에 나오는 주인공 '알제아르 부피에'라는 노인은 자신이 조성한 나무숲에서 천국의 기쁨을 맛보는 성자와 같은 존재로 묘사되어 있다.

어린이 동화책 같은 이 책은 여운이 오래 남는 책이다. 나도 몇 번 읽었다. 1953년 처음 출간된 후 전 세계 13개국 언어로 번역되어 출판되었을 정도다.

그 후 애니메이션 영화로도 제작되어 아카데미 수상작의 영예를 차지하는 등 극찬을 받았다. 이 책은 나에게 사람이 태어나서 이 세상에 남길 수 있는 가장 가치 있는 것이 무엇인가를 자문하게 했다.

식물을 사랑할 때

알제아르 부피에 같은 사람이 한국에도 두 분이 있다. 천리포 수목원 설립자 민병갈 선생님과 남이섬을 가꾼 민병도 선생님이다. 두 분은 나무가 인연이 되어 서로 의형제가 된 분이다.

고 민병갈 선생님(미국명 Carl Ferris Miller)은 1945년 미군 정보장교로 한국에 첫발을 내디딘 후 1970년부터 충남 태안에 천리포수목원을 조성한 분이다. 미국이 고향인 그가 한국의 아름다운 자연에 매료되어 귀화한 분이다. 그가 만든 천리포수목원은 50여 년 만에 국내외 희귀수목을 포함해 1만 6000여 종 이상의 다양한 식물자원을 보유한 세계적인 수목원이 되었다.

지금은 고인이 되어 수목원 내 '태산목' 아래 잠들어 있지만 생전에 나무를 자식처럼 대했던 분이다. "내가 죽으면 묘 쓸 자리에 나무 한 그루라도 더 심어라."고 했을 정도로 나무를 진정으로 사랑했던 분이다.

민병도 선생님은 한국은행 총재를 지내셨던 분인데 1965년부터 황무지나 다름없었던 땅콩밭 남이섬을 매입해 오늘날의 대한민국 제1의 관광지로 탈바꿈시킨 장본인이다. 민병도 선생님이 남이섬에 숲을 조성하면서 민병갈 선생님의 도움을 많이 받았던 것으로 알려져 있다.

한국은행에서 인연을 맺은 두 분은 이재에 밝은 금융인 출신임에도 지금부터 50여 년 전에 다음 세대를 위해 나무에 투자하고 국내 최초로 자연주의 조경을 추구하며 선구자적인 길을 갔던 분들이다. 금융인으로 나무의 가치와 자연주의 조경의 중요성을 누구보다 먼저 간파한 분들이다. 두 금융인 외에도 우리나라 굴지의 기업 오너 중에 나무를 좋아했던 사람이 있다.

작고하셨지만 LG 구본무 회장은 화담숲을 만들었고, SK 최종현 회장도 충주 인등산, 천안 광덕산 등에 거대한 숲을 조성했다.

한동안 나는 이재에 밝은 금융인이나 재벌이 왜 나무를 좋아할까 하는 의문을 가진 적이 있었다. 내가 나무를 키우면서 생각해 낸 답은 기업을 창업해서 대기업으로 일구는 것과 나무 씨앗이나 묘목을 심어 거목으로 키우는 것은 너무나 비슷하다는 것이다. 보통 사람들과는 달리 '종잣돈'의 중요성과 '기다림'과 '성장의 가속도'를 누구보다도 잘 알기에 나무 키우는 것을 투자를 하거나 기업을 일구는 것과 같은 것으로 여겼을 것이다. 느티나무 씨앗은 굉장히 작지만 50년, 100년이 지나면 거목으로 성장한다. 보통 사람들은 지금 심어서 언제 크냐고 하면서 아예 심을 생각조차 하지 않지만, 그 묘미를 아는 사람만이 좋은 땅에 좋은 씨앗을 골라 심는 것이다.

자연주의 조경가로 나무와 숲의 중요성에 대해 조경역사에 길이 남을 명언을 남긴 분은 미국 뉴욕의 센트럴파크를 설계한 조경가 '프레드릭 로옴스테드'(Frederick Law Olmsted)다.

금싸라기 땅인 맨해튼의 한복판에 가로 850미터 세로 4킬로미터의 103만 평의 센트럴파크가 조성될 수 있었던 것은 "지금 이곳에 공원을 만들지 않는다면 100년 후에는 이만한 크기의 정신병원이 필요할 것이다."라고 예언했던 그의 선견지명 덕분이다.

1857년 공원 디자인 공모전에서 우승한 옴스테드와 칼베르트 바우스(Calvert Vaux)는 센트럴 파크 설계 당시 인공적인 느낌을 배제하고 자연 속에 있는 느낌이 들도록 설계 원칙을 고수했다. 그래서 직선과 금속재질을 배제했을 뿐만 아니라 기념물 같은 인공조형물 설치까지 배제했다고 한다. 금속재질과 인공조형물이 많은 한국의 공원과는 너무나 대조적이다.

식물을 사랑할 때

옴스테드의 명언과 그의 설계 원칙은 오늘날 한국의 도시민에게 시사하는 바가 크다. 서울만 하더라도 시민들이 자주 찾는 한강공원과 북한산, 도봉산, 관악산이 없었더라면 서울 시민들의 정신건강이 훨씬 더 나빠졌을 것이다. 다만 정원이 있는 단독주택에서 살기를 선호하는 미국과는 달리 자연과 단절된 아파트에 사는 사람이 대부분인 한국과는 주거문화에서 차이가 크다.

아파트 주거문화가 정신건강에 어떤 영향을 미치는지 지금부터라도 연구를 해서 대책을 마련해야 할 것이다.

미국의 사상가이자 시인이었던 '랠프 왈도 에머슨'은 1836년에 출간한 『자연』(The nature)을 통해 밝힌 "해로운 일과 사람들과의 만남으로 움츠러들었던 인간의 육체와 정신에 자연은 치유력을 발휘하여 그것을 원상으로 회복시킨다. 상인이나 변호사는 거리의 소음과 술책으로부터 벗어나 하늘과 숲을 바라볼 때 다시 인간이 된다."는 의미심장한 말을 남겼다.

일본이 낳은 세계적 건축가 안도 다다오는 지역을 살리고 사람에 투자하는 가장 확실한 방법으로 '나무 심기'를 강조했다. 그의 생각은 '랠프 왈도 에머슨'이 주장했던 자연의 인간성 회복 기능과 궤를 같이한다. 내촌목공소를 운영하는 김민식 대표가 쓴 책 『나무의 시간』에 소개한 안도 다다오와의 인터뷰 내용을 보면 안도의 건축과 조경철학을 엿볼 수 있다.

> "우리는 지금 부모가 자식을 죽이고 또 자식이 부모를 살해하는 뉴스를 들으며 살고 있다. 지역 공동체가 무너지고 있고, 나라가 분열되고 있다. 나는 이 재앙들이 우리 사회에서 아름다운 풍경이 사라지는 것과 깊이 관련되어 있다고 믿는

다. 마음에 아름다운 풍경 하나를 간직한 사람을 찾기 힘들
다. 그래서 건축과 특정 장소에는 특히 나무가 필요하다. 나
무는 풍경을 만든다. 나는 이 풍경을 시민 한 사람 한 사람의
의식으로 만들어 가야 한다고 생각한다.”

안도 다다오의 생각은 에머슨의 자연의 인간성 회복 기능과 유사하다.
나무를 심는 사람들은 누구보다도 자연의 치유적 기능과 인간성 회복
기능이 크다는 것을 잘 아는 사람들이다.
이들로부터 자연과 나무의 소중함, 그리고 한국의 도시와 농촌의 조경
이 어떻게 변해야 하는지를 배울 필요가 있다.
개발을 위해 나무를 함부로 베는 일도 재고되어야 한다.
나는 나무를 볼 때마다 나무가 인간보다 낫다는 생각을 자주 하게 된다.

〈나무처럼〉

나무는 서두르지 않는다.
해가 져도
바람이 불어도
아침이 밝아도
언제나 느긋하다.

나무는 말한다.
입이 아닌

잎으로

꽃으로

열매로

꾸밈없는 몸짓으로 말을 한다.

나무는 듣는다.

새소리

물소리

바람소리

별들의 속삭임까지도

언제나 귀 기울여 들어 준다.

나무는 기다린다.

1년

10년

100년을

언제나 그 자리에서

묵묵히 기다린다.

집중력은 자연이 주는 선물

주의력 결핍과 과잉 행동 장애, 즉 ADHD로 어려움을 겪는 성인들이 증가하고 있다. 펜실베이니아대 페렐만 의대의 성인 ADHD 치료 및 연구 프로그램의 공동 설립자인 러셀 램지는 내셔널지오그래픽과의 인터뷰에서 "현재 전 세계적으로 약 3억 6600만 명의 성인이 ADHD를 앓고 있으며, 이는 대략 미국 인구에 해당한다."고 말했다.

최근 여러 연구에 대한 메타분석에 따르면 성인의 약 6.8%가 ADHD를 앓고 있는데 2003년 4.4%보다 늘어난 것이다. 이처럼 성인 ADHD 환자의 증가를 설명할 수 있는 가설은 여러 가지가 있다. 그중 하나는 환경적 요인이 영향을 미친다는 것이다. 메릴랜드대 메디컬 센터의 의사이자 정신과장인 질 라크베이셀은 "ADHD를 유발할 수 있는 환경적 요인이 있다."고 말했다.

《미국의학협회 저널》에 발표된 연구에 따르면 소셜 미디어, 게임, 문자 메시지, 영화, 음악, TV 스트리밍 등 디지털 미디어를 자주 사용하면 ADHD 증상이 나타날 위험이 10% 가까이 증가하는 것으로 나타났다.

아마도 우리나라 사정은 더 심각할 것이다. 특히 청소년들의 ADHD 문제는 사회적으로 큰 문제가 될 만큼 심각하다.

내가 살았던 춘천 농가주택에는 들고양이 몇 마리가 자주 들락거린다. 한겨울에 배가 등가죽에 붙어 있을 지경이 되어 걸음걸이도 온전치 못해 보이는 고양이에게 먹을 것을 던져줘도 고양이는 덥석 물고 가지 않는다. 항상 주위를 경계한다. 내가 몇 걸음 물러서면 그때서야 먹이를 물고 간다. 들고양이가 마당을 배회할 때도 항상 귀를 쫑긋 세우고 주변의 소리에 집중하며 걷는다.

들고양이나 야생동물들은 태어날 때부터 생존을 위해 주의를 집중해야 한다. 먹이를 사냥할 때도 그렇지만, 위험을 조기에 감지하고 회피하기 위해서는 항상 주변의 상황에 집중해야 한다.

영장류학자들은 사람에게 동물의 본성이 남아 있다고 한다. 그래서 자연상태에 있으면 동물과 비슷한 집중력을 본능적으로 발휘한다. 어릴 때 자연을 가까이하며 자랐던 아이들은 자기도 모르게 집중력을 발휘할 수밖에 없다.

시골 생활은 생각보다 많은 집중력을 요구한다. 대부분의 동물과 곤충들은 생존을 위해 보호색을 띠고 있기 때문에 천적에게 쉽게 발각되지 않는다. 야생에서 뱀에게 물리지 않고 벌에게 쏘이지 않으려면 서식지를 본능적으로 파악하고 조심해야 한다.

시골에서의 놀이 또한 상당한 집중력을 요구한다. 아이들이 고추잠자리를 잡거나 나비를 잡을 때도 고양이가 먹이를 사냥할 때처럼 집중력을 발휘하지 않으면 놓치고 만다. 바위나 나무에 올라갈 때도 마찬가지다. 한 발 한 발 집중력을 발휘하지 않으면 언제 미끄러질지 모른다.

개울에서 물고기를 잡을 때도 집중력이 없으면 물고기를 잡을 수 없다. 대낚시로 붕어를 잡을 때도 미세한 찌의 움직임에 온 신경을 집중해야 입질 순간에 낚싯대를 잡아챌 수 있다. 손의 감각으로 하는 줄낚시도 손에 감각이 오면 바로 잡아채야 한다. 새총을 쏠 때도 호흡을 가다듬고 목표물에 집중을 해야 한다. 산나물과 약초를 캐거나 버섯을 채취하거나 밤과 도토리를 주울 때도 상당한 집중이 필요하다.

과거 인간이 자연에서 행했던 수렵, 어로 등 모든 생존활동에 고도의 집중력이 필요했다. 다만, 공부나 업무 때문에 어쩔 수 없이 발휘해야 하는 집중력과 다른 점은 자연 속에서 즐거운 일에 집중력을 자기도 모르게 발휘했을 뿐이라는 것이다.

문명과 거리가 먼 외딴 시골은 주의를 분산시키고 귀에 거슬리는 기계음과 같은 소음이 없기 때문에 무의식적으로 자연의 소리에 귀를 기울이게 된다. 바람소리, 물소리, 새소리, 풀벌레소리, 낙엽이 떨어지는 미세한 소리와 움직임까지 집중을 하게 된다. 어디 소리뿐인가. 길옆에 핀 코스모스, 민들레, 엉겅퀴꽃만 봐도 오묘한 아름다움에 눈길을 뗄 수 없다. 아름다운 꽃을 보고 스트레스를 받는다며 눈을 돌리는 사람은 없을 것이다. 식물을 관찰하다 보면 도저히 물감으로 담아낼 수 없는 자연의 신비한 색감에 빠져들게 된다. 꽃잎과 잎의 생김새와 숫자를 세어보고 무의식중에 다른 비슷한 꽃과 비교해 보기도 한다. 이러한 환경에서 자란 린네에 의해 '린네식 식물분류법'이 탄생하게 된 것이다. 칼 폰 린네가 어릴 때부터 식물, 특히 꽃을 좋아하게 된 데에는 아버지 영향이 컸다. 그의 아버지 닐스 린네우스는 아들인 린네와 함께 정원에서 많은 시간을 보내면서 꽃을 좋아하는 아들에게 꽃을 자주 보여 주며 꽃의 이름을 알려 주었다고 한다. 덕분에 린네는 어렸을 때부터 자연스럽게 식물에 대한 열정과 관심을 키울 수 있었다.

그뿐인가. 자연에서는 벌, 나비, 잠자리 등 수많은 곤충들이 아이들을 유혹한다. 철 따라 피는 꽃과 식물의 변화는 우리 눈에 끝없는 호기심과 즐거움을 준다. 그런데 이상하게도 자연 속에서 아무리 집중력을 발휘해도 스트레스나 피곤함이 없다.

그 점에서 억지로 집중력을 발휘하는 것과는 근본적인 차이가 있다.

시골의 자연과는 달리 도심의 아파트 생활은 소음 천국이다. 집에서 텔레비전을 끄고 가만히 있으면 냉장고 소음을 비롯한, 보일러, 선풍기, 냉난방기 돌아가는 소리가 들린다. 이러한 인공소음은 자연음과 달리 하나같이 귀에 거슬린다. 집 밖에 나가도 마찬가지다. 길을 걷다 보면 자동차 소음, 공사장 소음 등으로 가득 차 있다.

이런 소음을 태어날 때부터 듣고 자라면 집중력이 생길까? 병원 치료를 받는다고 해서 쉽게 고쳐질까? 아마 아닐 것이다. 사람들의 감각이나 운동신경은 대부분 어릴 때 형성된다. 나이를 먹고 어른이 되어 운동을 배우면 아무리 배워도 자세가 잘 나오지 않는다. 마찬가지로 집중력도 어릴 때부터 길러줘야 한다. 아이들에게 자유를 주고 자연과 가까이할 수 있는 기회를 가능하면 많이 주는 게 좋다. 요즘은 부모님들이 주말에 아이들을 데리고 시골에 가서 캠핑을 즐기는 사람도 많다.

문제는 장소만 시골이지 라이프 스타일은 도시에서 행하던 것과 차이가 없다는 점이다. 텐트 안에서 스마트폰을 보거나 텔레비전을 보고 있으니 말이다. 몸만 시골에 가 있을 뿐 도시의 소음을 시골까지 달고 간 것이나 마찬가지다. 그러니 바람소리, 새소리, 물소리와 같은 자연의 소리에 귀를 기울일 틈이 없다. 시골까지 가서 텔레비전을 보고 유튜브를 시청하는 게 문명의 혜택일까? 아니면 문명의 저주일까?

집중력과 창의력을 발휘하기 위해 자연을 어떻게 활용했는지에 대해서는 천재 음악가 구스타프 말러(1860~1911)의 예를 들어보자. 오스트리아의 작곡가이자 지휘자로 유명한 말러는 한적한 호숫가의 숲속 작은 오두막에서 대부분의 교향곡을 작곡했다는 점이 특이하다.

말러는 오스트리아 잘츠브르크 인근 슈타인바흐 마을 아터제(Attersee) 호숫가의 4평도 채 안 되는 첫 번째 작곡 오두막에서 교향곡 2~3번을 작곡했다. 아터제 호수는 산과 하늘, 물이 어우러져 기막힌 풍광을 빚어내는 곳이다. 그 후 알프스 호수로 알려진 클라겐푸르트 인근 뵈르터제 (Wörthersee) 호숫가의 두 번째 작곡 오두막이라고 불리는 마이어니히 작곡 오두막에서 교향곡 4~8번을 작곡했다. 큰딸이 죽은 뒤로 일가의 추억이 가득한 이곳에서 더 이상 견딜 수 없게 된 말러는 모든 것을 팔아버리고 알프스의 수려한 경관을 자랑하는 토블라흐(Toblach)에 있는 세 번째 작곡 오두막에서 교향곡 9번, 미완성 10번을 작곡했다. 그는 왜 작곡의 공간으로 숲속의 작은 오두막을 고집했을까?

그는 어렸을 때 멀리 떨어진 숲속에서 몽상에 빠지곤 했는데, 이때 자연과 교감하는 그의 습관은 그의 음악 세계에도 지속적으로 영향을 미쳤다고 한다.

세 오두막 모두 인적이 드문 호숫가 또는 아름다운 숲속에 자리 잡은 새 둥지처럼 작게 지어진 오두막이다. 그의 작은 오두막은 교향곡 탄생의 원천이었고, 그가 작곡한 불멸의 교향곡은 자연과 교감하는 그의 특별한 재능 때문이었다고 한다.

교향곡을 작곡하는 사람의 이야기에 의하면 '식물의 숨소리까지 들린다'는 말이 있을 정도다. 신도 아닌데 얼마나 예민하고 자연과 교감할 수 있을 정도로 집중력이 뛰어나면 그런 경지에 이를 수 있는지는 나는 경험해 보지 않아서 모른다.

말러는 자연 속에서 편안함을 느꼈고, 교향곡을 위한 영감을 얻었다고 한다. 이를 보면 자연이 한 인간에게 미치는 영향이 얼마나 큰지를 알 수 있다. 사람의 감각과 인성은 좀처럼 변하지 않고 어릴 때 주변 환경에 큰 영향을 받는다.

그래서 우리 선조들은 학문뿐만 아니라 마음을 수양하기 위해 산수가 아름다운 곳에 집을 짓거나 정자와 서원을 지었다.

전남 강진군 도암면 만덕리에 다산초당(茶山草堂)이 있다. 옛날에는 이름 그대로 초가집이었다. 중국의 청두에 있는 두보초당은 시성(詩聖) 두보가 759년부터 4년 동안 머물며 240여 편의 시를 지은 곳으로 건물이 많고 정원의 규모가 크지만 다산초당은 그야말로 손바닥만 한 초가집이었을 것이다.

그런데 다산초당은 복원과정에서 초가집이 기와집으로 변했다. 초가집 터에 기와집을 지었다면 복원이 아닌 성격이 전혀 다른 신축건물이다. 요즘 방문객들이 "유배 생활하면서 좋은 집에 살았네." 하는 사람이 더러 있다고 한다. 조선 최고의 천재로 불린 다산 정약용이 1801년부터 시작된 유배 생활 18년 중 10년간(1808~1818) 이곳에서 생활하며 500여 권에 이르는 방대한 책을 저술했다.

미니멀 자연주의자는 많지만 그중에 미국의 헨리 데이비드 소로우를 빼놓을 수 없다. 그가 월든 호숫가에 6평 남짓한 작은 통나무 오두막을 짓고 2년 2개월 동안 생활하면서 쓴 책으로 1854년 출간한『월든』은 그의 소박한 생활기록과 문명에 대한 비판적 사색을 담은 책이다. 그가 출판사에 보낸 초고는 몇 번이나 출판을 거절당할 정도로 생전에 평가를 받지 못했지만 20세기에 들어서면서 진가를 인정받으며 미국 문학의 최고 걸작으로 평가받고 있다.

소로우는 그의 책에서 자연 속의 삶이 인간에게 미치는 영향을 다음과 같이 말하고 있다.

> "가장 감미롭고 다정한 만남은 자연에서 찾을 수 있다. 이것은 가련하게도 사람을 싫어하는 사람이나 극도의 우울증이 있는 사람의 경우에도 마찬가지일 것으로 생각된다. 자연 가운데 살면서 자신의 감각 기능을 온전하게 유지하는 사람에게는 암담한 우울이 존재할 여지가 없다."

나도 시골에 집을 짓게 되다면 숲속에 새둥지 같은 작은 오두막을 지어 살고 싶다. 언제 실현될지는 모르지만, 여러 종류의 참나무 도토리를 심는 것도 참나무 숲으로 된 원림(園林)을 만들어 그 속에 6평 이하의 작은 오두막을 짓기 위한 것이다.

내가 좋아하는 세계적인 생물학자 베른트 하인리히(1940~)도 빼놓을 수 없다. 그는 세계적인 생물학자이자 놀라운 기록을 보유한 마라토너이다.

미국 메인주에서 태어나 38세에 캘리포니아주립대 정교수가 됐지만 3년 만에 모든 걸 내려놓고 아버지와 어릴 때 함께 살았던 고향 메인주로 돌아가 통나무집을 짓고 전기도 수도도 없이 홀로 생활하고 있다. 그가 고향으로 돌아간 이유는 이렇다. "어릴 때처럼 이 세상을 자세히 살피고 탐험하기 위해, 상쾌하고 맑고 영원한 마법에 싸인 세상 그 생생함을 다시 맛보기 위해서."라고 한다. 넘사벽의 뛰어난 관찰력과 과학적이면서도 사색적인 에세이로 전 세계 많은 독자들로부터 사랑을 받는 그를 사람들은 '우리 시대의 소로' 혹은 '달리는 찰스 다윈'이라고 부른다. 그가 세계적인 생물학자가 될 수 있었던 것은 맵시벌 관찰이 취미였던 아버지의 영향이 컸다. 그의 아버지는 막노동을 해서 번 돈을 맵시벌 연구에 쏟아부을 정도로 괴짜였다. 평생 1,500여 종의 맵시벌을 새로 발견해 이름을 지어 줬을 정도라고 한다. 아쉽게도 그의 부친의 맵시벌 연구는 학위가 없다는 이유로 인정받지 못했다고 한다.

우리나라에도 숲속의 오두막을 유별나게 사랑했던 『오두막 편지』의 저자 법정 스님이 있다.

법정 스님도 자신이 사랑했던 책으로 소로우의 책 『월든』을 첫째로 꼽았다.

자연을 대하는 소로우의 철학과 사상에 영향을 받았다고 볼 수 있다.

그들이 살았던 오두막의 공통점은 아름다운 자연 속에 있고, 모두 새둥지처럼 작다는 점이다. 창작공간이 숲속의 새둥지처럼 작아야 자연의 숨소리에도 집중하면서 영감을 떠올릴 수 있는지는 모르겠지만 말이다.

언젠가는 재평가를 받아야 할 문학계 인사 중 한 사람이 고 마광수 연세대 교수다. 바보처럼 솔직해서 지식인 사회에서 외면받았던 그는 『즐거운 사라』 필화사건으로 구속되기도 하고 심한 우울증으로 자살로 생을 마감한 분이다. 내가 마교수를 높이 평가하는 이유는 '인간'과 '자유'에 대해 누구보다도 깊이 생각한 사상가이자 철학자라는 점이다. 그가 쓴 책 『인간론』, 『자유에의 용기』와 『자유가 너희를 진리케 하리라』라는 책 제목만 봐도 인간과 자유에 대한 그의 생각과 사유의 깊이를 가늠해 볼 수 있다.

사실 자유는 인간문명의 발전과 창의력의 원동력이다. 오늘날 중국과 미국의 차이는 '모택동 동상'과 '자유의 여신상'의 차이라고 보면 된다.

마 교수가 시대를 너무 앞서간 천재라는 평가가 있는데, 만약 그가 소로 우처럼 도시를 버리고 자연을 가까이했더라면 우울증 치료에 많은 도움이 되지 않았을까 하는 아쉬움이 있다.

식물을 사랑할 때

행복호르몬 세로토닌

요즘 '세로토닌'(Serotonin)이라는 말을 자주 들을 수 있다.
어려운 말인데도 자주 들린다는 것은 그만큼 중요하다는 의미다.
네이버 지식백과에서 검색해 보면 다음과 같이 정의하고 있다.

> "우리 몸에 존재하는 세로토닌의 대부분(약 90%)은 위장관
> 의 장크롬친화성 세포에서 생산되어 분비된다. 위장관의 세
> 로토닌은 위장관 운동을 조절하는 등의 생리적 기능을 가지
> 고 있다. 한편, 나머지는 중추신경계에 위치한 세로토닌성
> 뉴런에서 생산되어 분비되며, 기분(mood), 식욕(appetite),
> 수면(sleep) 등의 조절에 관여한다. 중추신경계 세로토닌의
> 주요한 공급처는 솔기핵이다. 솔기핵은 뇌간의 정중앙을 따
> 라 망상체 내에 위치한다. 솔기핵의 세로토닌 분비 뉴런에
> 서 뻗어 나온 축삭은 중추신경계 내의 거의 모든 부분을 지
> 배하고 있다."

이 정의를 보면 세로토닌은 행복감의 배경이 되고, 기분을 조절하며 우

리의 생각과 반응에도 큰 영향을 미치는 '행복호르몬'이라는 것을 알 수 있다.

내가 어릴 때는 '세로토닌'이라는 말 자체를 들어본 일이 없으며 스트레스, 불면증, 우울증이란 말도 들어보지 못했다. 왜 농사일로 얼굴과 피부가 검게 탄 농부들에게 스트레스, 불면증, 우울증이라는 말이 없었을까?

요즘 도시민들은 과거의 농부들과는 달리 햇빛을 볼 일이 거의 없다. 자연과 단절된 아파트에 거주하고, 빌딩 숲속의 사무실에서 정신노동을 하다 퇴근하면 스마트폰을 보다가 잠드는 것이 도시인들의 삶의 방식이다. TV를 보는 사람은 적을지 모르나 스마트폰 보는 시간이 중독이라고 볼 만큼 위험수위에 도달했다. 도시인들의 피부가 아름답다고 해서 정신도 건강할까?

신은 태양을 거부하는 도시인들에게 정신이 멍들고 검게 타는 고통을 주는 것일까? 국민건강보험공단 등 통계자료에 따르면, 우리나라 자살률은 2022년 기준 인구 10만 명당 25.2명, 경제협력개발기구(OECD) 38개 회원국 중 1위를 차지하고 있다. 우울증으로 진료받은 환자도 100만이 넘어섰다.

'불면의 밤', '고통의 밤'을 보내는 국내 불면증 인구는 병원치료까지 받은 사람이 116만 명이나 된다. 불면증은 고통과 불편을 줄 뿐만 아니라 사회에 경제적 악영향도 끼친다. 호주의 한 연구는 수면장애에 대한 치료비, 생산성 손실, 무단결근, 수면 관련 자동차 사고 등으로 인한 비용이 연간 70억 달러 이상이라고 밝혔다. 불면증 자체에 대한 총 비용만 해도 프랑스는 연간 20억 달러, 미국은 300억~1070억 달러까지 추산하고 있다. 나의 경우도 카페인이 들어 있는 커피나 홍차를 마시면 심각한 수면장애를 겪는다. 수면시간이 부족하거나 잠을 잘 자지 못하면 머리가 개운하지 않고 기분이 멍한 상태가 된다. 작업능률도 오르지 않는다. 내 주변에도 불면증을 호소하는 사람이 많다. 술 없이는 잠을 못 잔다는 사람도 있다.

또 정신질환으로 국내 병원을 방문한 환자 수는 2015년 289만 명에서 2021년 411만 명으로 약 72%나 증가했다. 이쯤 되면 국민 정신건강에 온통 빨간불이 켜진 것이나 마찬가지다. 청소년들의 정신건강 문제는 더 심각하다.

특히 우울증과 자해 등으로 정신건강에 문제가 있는 1020 세대가 급증하고 있다. 우울증 등으로 인한 공격, 충동성향이 안으로 발현하면 자해, 밖으로 발현하면 범죄로 이어지는 경우가 많다고 한다. 청소년의 정신건강을 이대로 방치하다간 큰 대가를 치러야 할지도 모른다.

저출산 문제도 심각하다. 최근 정부도 상황이 얼마나 심각했으면 '인구 국가비상사태'를 선언했겠는가. CNN은 한국의 기록적인 저출산 현상이 앞으로 더욱 심각해져 2025년에는 여성 1인당 합계출산율이 0.65명으로 떨어질 것이라는 통계청의 최근 발표를 인용하며 "한국에는 시간이 많지 않을 수 있다."고 경고하고 있다. 이토록 심각한 저출산의 원인은 무엇일까?

주택비와 교육비 등 경제적 요인이 저출산의 원인이라며 대책을 마련해 왔지만 상황은 개선되기는커녕 더 악화되고 있다. 경제적 요인이 주 원인이라면 강남에 사는 부자들은 출산율이 높아야 할 것이다. 그런데 그 반대현상이 나타나고 있다.

2022년 기준 강남구의 합계 출산율(0.49)은 서울 평균(0.59)보다 낮은 것으로 나타났다.

2021년 출생통계를 보면 평균 출산연령은 서울 서초구, 강남구, 종로구,

마포구가 34.7세로 평균을 크게 웃돌았다. 강원 화천군(30.3세)·강원 철원군(31.1세)은 상대적으로 평균 출산연령이 낮은 것으로 나타났다.

위의 통계 자료만 봐도 소득수준이 높다고 해서 출산율이 높아지는 것은 아니다.

그렇다면 이제는 저출산 문제의 원인을 다른 곳에서 찾아야 할 때가 됐다. 저출산 문제도 행복지수가 낮기 때문에 발생하는 현상이 아닌가 살펴볼 때가 되었다.

저출산 대책은 기존의 접근방식과는 180도 다른 방식으로 접근해야 한다. 아무리 물질적으로 풍요롭다 해도 자신의 삶이 불안하고 우울하고 불행하다고 생각하는 사람이 많다면 출산율이 증가하겠는가? 과학적인 연구가 아닌 상식적으로 생각해 봐도 가능성이 없다. 불안감을 없애고 행복지수를 높여주는 대책을 마련해야 한다. 나의 삶이 행복하지 않은데 내가 낳은 자식이 나와 같은 삶을 되풀이하도록 출산을 많이 하겠는가 하는 것이다.

'행복호르몬'이라 불리는 세로토닌의 분비를 촉진시켜 주는 주거환경과 생활습관을 갖도록 해 주는 게 더 중요하다고 본다. 특히 어릴 때부터 이런 환경과 경험을 갖도록 해 주는 게 중요하다. 그런데 불행하게도 한국의 어린이들은 조기교육과 학원 과외수업 때문에 행복호르몬이 분비되는 생활과는 정반대의 끊임없는 공부지옥과 입시지옥을 경험하게 된다.

조금 동떨어진 이야기이긴 하지만 어린 시절 가정적으로 불행한 일을 겪었던 사람은 성인이 되어서도 좀처럼 정신적 상처에서 헤어나지 못한다고 한다. 그만큼 어릴 때의 경험은 평생을 따라다니는 것이다. 어렸을 때부터 입시지옥과 공부지옥을 경험한 사람은 그렇지 않은 사람에 비해

식물을 사랑할 때

삶이 불행하다고 생각할 가능성이 높다. 삶이 행복하다고 느끼게 하려면 우리나라도 유럽의 선진국처럼 어릴 때는 마음껏 뛰놀게 해야 한다.

출산율과 관련해 지금까지 우리나라의 진단과 처방이 잘못됐다는 것은 미국 유타주의 사례를 보면 알 수 있다.

몰몬교도가 절반 이상 거주하는 인구 약 330만 명의 미국 유타주는 미국 내에서 평균 수명이 가장 길고, 출산율 또한 가장 높은 주로 손꼽힌다. 실제 마약중독자가 많은 미국에서도 몰몬교도들은 술과 담배는 물론이고, 카페인이 섞인 커피와 홍차 등을 금하는 건강규정을 장려하고 있다. 미국 서부의 내륙에 자리 잡은 유타주는 아름다운 자연환경과 쾌적한 주거환경을 지닌 장수지역이다. 중심도시인 솔트 레이크는 담배, 술, 콜라, 커피가 없는 장수 도시로 소문나 있다. 이 도시에서는 공공장소는 물론 길거리에서의 흡연까지 금지하고 있어서 담배 피우는 사람들조차 눈에 띄지 않는다. 콜라를 마시거나 홍차, 커피를 즐기는 이들도 드물다. 이유는 주민들 대부분이 독실한 몰몬교도들이기 때문이다. 덕분에 이혼율도 굉장히 낮은 편이다.

몰몬교도들과 같은 건강한 식생활은 행복감을 높여주고 뇌건강과 장수에 좋다는 것이 과학적으로도 검증된 이야기다.

경제적인 소득수준이 저출산과 직결된 문제라면 유타주보다 소득수준이 월등히 높은 캘리포니아주의 출산율은 유타주보다 당연히 높아야 할 것이다.

인구 약 4천만 명의 캘리포니아주는 경제 규모가 세계 10위 안에 들어가고 온화한 기후와 경제적 번영으로 미국인뿐만 아니라 전 세계 사람들의 동경의 대상임에도 불구하고 합계 출산율은 미국 평균에도 미치지 못하는 것으로 나타났다. 특히 캘리포니아주의 번영을 대표하는 샌프란시스코는 미국 100대 도시 중 아이들 비중이 가장 낮은 것으로 드러났다. 그 이유는 테크 기업 종사자들은 아이를 낳기보다 반려동물을 키우기를 더 선호한다는 주장이 있다.

어릴 때 입시지옥을 경험하고 결혼 후에도 치열한 경쟁 속에 살아가야만 하는 우리나라의 신혼부부들의 출산율을 높이기 위해서는 자연을 통한 치유와 회복이 필요하다. 그래서 정부와 지방자치단체가 독일의 '클라인가르텐'과 같은 주말농장을 대거 조성해 저렴한 비용으로 이용할 수 있도록 해주는 게 도움이 될 것이다.

대한민국은 인류사에 일찍이 경험하지 못했던 아파트라는 주거공간에 대부분 살고 있다. 또한 바깥 신체활동도 과거 농경시대에 비하면 거의 하지 않는 것이나 마찬가지다.

어쩌면 아파트라는 주거공간과 하루 종일 컴퓨터 앞에서 하는 일이 세로토닌 분비의 교란을 가져와 인간을 정신적으로 불안하게 만들어 출산율을 저하시킬지도 모른다. 그래서 소득이 늘어나고 아파트 평수가 커진다고 해서 출산율이 늘어나는 것은 아닐 것이다.

뿐만 아니라 수면 부족과 카페인 중독, 스마트폰 중독은 인간을 더욱 불안하게 할 것이다.

정원 가꾸기와 세로토닌

정원 가꾸기와 농사일은 조금 다르다. 농사일은 귀찮을 때가 있지만 정원 가꾸기에는 몰입이 있고 말할 수 없는 즐거움이 있다. 정원 가꾸기와 텃밭 가꾸기의 즐거움 때문에 전통적인 농업과는 달리 치유농업이라는 새로운 형태의 농업이 나타나고 있다. 아직 초기단계이지만 많은 연구와 함께 확산을 위해 법적인 뒷받침이 마련되고 있다.

치유농업을 통한 국민건강 증진을 위해서는 세로토닌과 치유농업의 한 형태인 정원 활동이 어떤 상관관계가 있는지 살펴볼 필요가 있다.

수 스튜어트 스미스는 『정원의 쓸모』에서 햇빛에 노출된 채 흙을 밟는 정원 가꾸기 활동이 스트레스 완화와 정신건강에 어떤 영향을 미치는지 연구결과를 다음과 같이 제시하고 있다. 내용이 다소 길지만 독자들에게 유용한 내용이어서 요약하면 이렇다.

① 피부에 햇빛을 쬐면 비타민 D가 만들어지고, 햇빛의 청색광은 수면-기상 주기를 설정하며 두뇌 속 세로토닌 생산 속도를 조절한다.

심적 외상 후 스트레스 장애 PTSD(Post Traumatic Stress Disorder)가 세로토닌계의 기능 부전과 관련 있고 거기서 악순환의 고리가 생겨난다는 증거가 점점 늘어나고 있다. 세로토닌이 결핍되면 편도체의 활성화의 역치(Threshold Value)가 낮아져서 신체의 스트레스 반응을 더 자주, 더 쉽게 촉발한다.

두뇌의 모든 세로토닌은 세로토닌 솔기핵(Raphe Nucleus)이라는 뇌간 깊이 위치한 뉴런 두 다발에서 나온다. 이 뉴런들은 뇌의 먼 곳까지 긴 가지를 내뻗는다. 세로토닌계 전문가인 런던 임페리얼 대학의 데이비드 너트 교수는 인간의 뇌는 엄청나게 빠르게 진화했는데 두뇌피질의 크기가 여덟 배 팽창하는 동안 세로토닌 솔기핵의 크기는 그대로이기 때문에 구조적으로 세로토닌 고갈을 겪기 쉽다. 고대의 선조들은 세로토닌의 수치를 높이는 많은 햇빛과 운동, 토양과의 접촉으로 이런 문제를 해결했다.

② 신체운동은 세로토닌뿐 아니라 엔드로핀(Endorphin)과 도파민(Dopamine) 같은 신경전달물질의 수치도 높여서 기분을 고양한다. 또한 기억과 학습을 담당하는 뇌의 해마신경 생성을 촉진하는 인사인 BDNF(Brain-Derived Neurotrophic Factor) 배출도 촉진해서 세로토닌과 BDNF가 서로 상승작용을 일으킨다. 게다가 신체운동은 두뇌에 직접적인 통합작용을 하는데, PTSD 환자들에게 보이는 비정상적으로 낮은 전전두엽 피질활동 수치를 올려준다. 최근 신체운동의 이점이 또 한 가지 발견되었다. 지속적인 스트레스 상태는 키누레닌(Kynurenine)이라는 대사 물질의 수치를 상승키키는데 이 수치는 뇌의 염증성 변화와 연결된다. 다리의 큰 근육을 사용하면 키누레닌의 순환을 줄이는 유전자가 활성화된다. 운동은 오래전부터 두뇌 건강을 촉진한다고 여겨졌다. 이제는 근육 대사가 특정한 항스트

레스 효과를 갖는다는 사실도 드러났다.

스탠퍼드 대학 신경과학 교수 로버트 모리스 샤폴스키(Robert Morris Sapolsky)는 영장류의 스트레스 연구를 통해서 일정한 신체적 발산이 없으면 스트레스가 인간에게 훨씬 더 파괴적인 영향을 미친다는 사실을 밝혔다. 어떤 운동이든 대체로 스트레스를 낮추는 데 도움이 되는데 즐겁고 흥미로울수록 효과가 크다. 체육관에서 하는 운동보다 이른바 '녹색 운동'이 스트레스를 낮추고 기분과 자존감을 높이는 데 효과적이다.

③ 젖은 흙냄새도 정원에서 흙을 파는 일이 주는 즐거움 가운데 하나다. 지오스민(Geosmin)이라고 하는 이 냄새는 토양 박테리아 방선균의 (Actinomycetaceae)의 활동에 의해 방출되며, 사람에게 상쾌하고 포근한 느낌을 안겨 준다. 인간 후각 중추는 흙냄새에 아주 민감하다.

④ 정원에서 흙을 파면 토양 속 박테리아들의 직접적 활동을 통해서 세로토닌 조절에 도움을 받을 수 있다.

신경과학자 크리스토퍼 로리(Christopher. Lowry)는 토양 속 박테리아 소량이 두뇌의 세로토닌 수치를 올려줄 수 있다는 사실을 밝혀냈다. 거름과 퇴비로 지력이 높아진 땅에 많은 마이코박테륨 박케(Mycobacterium Vaccae)를 잡초를 뽑거나 흙을 밟을 때 흡입하고 소화하게 된다. 우리는 마이코박테륨 박케 등 여러 공생적 박테리아와 공동 진화했다. 최근 마이코박테륨 박케는 면역계를 조절해 주는 능력으로 우리의 오랜 친구임을 인정받았다. 로리는 실험을 통해 쥐들을 마이코박테륨 박케에 노출시키면 염증수치가 낮아지고 스트레스 대항력이 높아진다는 사실을 밝혀냈다.

마이코박테륨 박케를 섭취한 쥐의 미로 탈출 시간은 다른 쥐의 절반 밖에 되지 않는다는 연구결과도 있다. 또 다른 연구에서는 이 박테리아가 두뇌 속 정원사인 소교세포를 활성화해서 두뇌의 염증을 줄여준다는 사실을 밝혔다. 또한 전전두엽 피질과 해마에 세로토닌을 공급하는 세로토닌계에도 직접 작용한다는 사실도 알아냈다. 마이코박테륨 박케 말고도 흙 속에 흔하면서 정신 건강을 향상시키는 데 도움을 주는 다른 박테리아가 있을 수 있다. 정원 흙 한 티스푼에도 미생물이 몇십 억 마리씩 산다. 그러니 원예가들이 더 다양하고 더 건강한 장내세균을 보유한다는 사실이 놀랍지 않다. 연구결과를 종합해 보면 다양한 박테리아 대사물질은 우리 장내의 휴식과 소화를 담당하는 부교감신경계의 일부인 미주신경(Vagus Nerve)의 활성화에 도움이 되고 두뇌의 항염증 기능을 높여준다.

수 스튜어트 스미스가 제시한 세로토닌 처방전의 내용은 '햇빛을 쬐면서 식물을 돌보거나 흙을 파는 신체운동을 하라'는 것이다. 특히 신체운동 중 다리근육을 사용하는 것이 중요하다는 것이다. 동물도 마찬가지다. 보도콜리와 같은 개는 매일 운동을 시켜 주지 않으면 엄청난 스트레스를 받는다.

처방전 내용대로라면 도시민들이 주말이라도 가벼운 등산을 하거나 농촌에서 텃밭이나 정원을 가꾸는 신체활동이 스마트폰 중독에서 벗어나고 우울증을 예방하고 치유하는 데 최선의 방안임을 알 수 있다. 이 관점에서 보면 하루 종일 걷거나 논밭에서 일을 했던 옛날 사람들에게 우울증이 생길 수 없다는 게 이해가 된다. 비록 가난했지만 행복지수는 높을 수밖에 없었다.

　아울러 요즘 유행하는 숲속 맨발 걷기 운동은 이런 처방전의 관점에서 보면 적극 권장할 만한 운동이다. 소멸 위기에 처한 농촌에서도 치유농업을 활성화하려면 도시민을 유입할 수 있도록 아름다운 경관과 숲속의 산책로를 만들고 전통농업을 체험할 수 있는 방안을 강구해 볼 만하다. 내가 자주 가는 산책로는 서울 은평구의 봉산도시자연공원과 전북 익산의 배산공원 둘레길 숲속 산책로다. 두 곳 다 숲이 울창해 한 여름 대낮에도 햇볕을 피할 수 있어 맨발걷기를 할 수 있는 곳이다. 그래서인지 맨발걷기를 하는 사람들이 많다. 나도 아침저녁으로 시간만 나면 산책을 한다. 지금까지 나의 경험상 새소리를 들으며 숲속 흙길을 맨발로 걸을 때가 가장 기분이 좋았다.

　산책만 하는 것보다는 도시민들이 주말이라도 흙을 밟으며 텃밭을 가꿀 수 있도록 배려하면 더 좋을 것이다. 정부차원에서 독일의 클라인가르텐, 영국의 얼로트먼트 가든, 일본의 시민농원, 러시아의 다차 같은 주말 농장제도를 활성화하는 것이 스마트폰 중독과 우울증으로 인한 사회적 비용을 줄이는 일이 될 것이다. 나아가 귀농귀촌을 활성화시키는 계기가 될 수 있다.

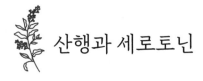

산행과 세로토닌

나는 익산에 있는 지금은 하루에 보통 2만~3만 보를 걷는다. 아침 5시 30분에 걷기를 시작해 배산공원까지 갔다 오면 1시간 40분 정도 걸린다. 이후 아침식사를 하고 회사까지 30분 걸어서 출근한다. 퇴근할 때도 걸어서 가고 저녁식사 후 또다시 2시간 정도 걷는다. 밤에도 배산공원까지 가는 경우도 많다. 배산공원은 익산시내에서 유일하게 볼 수 있는 야트막한 산인네 산꼭대기에는 '연주정'이라는 아름다운 정자가 있다. 익산 구시가지와 김제평야까지 한눈에 볼 수 있는 멋진 조망을 가진 정자다. 무더운 여름밤에도 정자에 오르면 시원한 바람이 불어와 천국이 따로 없다는 생각이 들 정도다.

평일 날 특별한 저녁 약속이 없는 한 규칙적으로 이러한 생활을 되풀이한다.

억지로 하는 것이 아니라 내가 좋아서 하는 일이라 산책하는 시간이 하루 일과 중 가장 즐거운 시간이다. 걸으면서 다리 근육을 많이 사용하면 머리가 맑아지고 기분이 좋아짐을 느끼게 된다. 밤에 숙면을 취할 수 있어 좋고 걸으면서 여러 가지 생각을 정리하고 창의적인 아이디어를 떠올릴 수 있어서 좋다. 특히 숲속을 산책할 때는 내가 좋아하는 식물과 곤충

식물을 사랑할 때

을 관찰할 수 있어 좋다.

나는 삭막한 빌딩숲이 있는 도심보다는 아름다운 산책로가 가까운 곳에 있는 집이 좋다.

그래서 산책을 좋아하는 나 같은 사람에겐 거주할 집을 고를 때 산책로가 집 주변에 있는 지가 최우선 고려 사항이다.

신이 직립보행을 하도록 창조한 인간은 걸어야 한다. 옛날 우리 부모님들은 걷는 것이 하루 일과였다. 장에 갈 때도 걸었고 논밭에 갈 때도 걸었다. 요즘 걸을 기회가 없는 도시인들은 관광목적도 있겠지만 스페인의 산티아고 순례길까지 가서 걷는 사람이 많다. 프랑스 신문기자 출신인 베르나르 올리비에는 예순의 나이에 은퇴하고 1,099일간 걸어서 실크로드를 여행하면서 그 여정을 기록한 『나는 걷는다』라는 책을 내기도 했다.

지금껏 내가 산에서 경험한 일 중 가장 즐거웠던 일은 어릴 때 부모님과 함께 산나물 뜯으러, 약초 캐러, 밤과 도토리를 주우러 산에 돌아다녔던 일이다.

물론 아이들끼리 소 먹이러 갔던 일 역시 즐거운 일이었다.

산나물, 약초, 밤, 도토리를 채취하는 일이 즐거운 것은 산이라는 장소가 주는 즐거움도 있지만 채집활동이 주는 즐거움이 있기 때문이다.

수십만 년을 수렵채집인으로 살아온 인간의 뇌는 수렵채집 활동을 하면 즐거울 수밖에 없도록 형성되어 있다고 주장하는 학자들이 있다.

고향을 떠나 서울에서 직장생활을 하고부터는 직장동료와 대학 때 만난 친구들과 함께 전국의 많은 산을 다녔다. 그러다가 50대 이후에는 혼자 조용히 산책하는 것을 좋아했다. 혼자 하는 산행은 남을 의식할 필요도 없고 특별히 빨리 갈 필요도 없다. 조용히 걷다 보면 내 속에 잠재되어 있던 집중력이 되살아난다. 그동안 무심히 지나쳤던 야생화가 눈에 들어오고 물소리, 새소리, 바람소리가 귀에 들려온다. 사실 식물도 관심과 애착을 갖지 않으면 눈에 띄지 않는다. 적절한 비유인지는 모르겠지만 집에 아무리 좋은 책이 많아도 관심이 없으면 그 책이 눈에 들어오지 않는 것처럼, 산에 아무리 아름다운 꽃이 많아도 관심이 없으면 눈에 들어오지 않는 법이다.

결국 책에 관심이 있는 사만이 책을 보게 되고, 마찬가지로 식물에 관심이 있는 자만이 자연의 숲에서 신비를 느낄 수 있다.

내 경험에 의하면 같은 길을 산책하더라도 몇 년이 지난 다음에야 눈에 들어오는 식물도 있었다. 자주 가는 산책로의 식물도 어떤 경우는 3~4년, 어떤 경우는 10년이 지나서야 눈에 들어오는 경우도 있다. 그때 나는 식물은 인간에게 한꺼번에 비밀을 다 보여 주지 않는다는 것을 알게 되었다.

야생화와 나비, 새에 관심을 가지면 산행하는 일이 더욱 즐겁다. 김종학 화백이 담아낸 설악의 사계처럼 철따라 변하는 산의 모습이 아름답게 느껴진다. 어수선하게 엉클어진 덤불과 구석구석에 피어 있는 야생화와 나비, 새와 나무가 더없이 아름답게 느껴진다. 꽃과 나비는 서로 떼려야 뗄 수 없는 관계다. 새와 나무의 관계도 마찬가지다.

인간의 손길이 닿지 않는 꾸밈없는 자연 그대로의 모습이 진정한 아름다움이라는 것을 알게 된다. 안개 자욱한 숲길을 걷다 보면 '선계인가 불계인가 인간 세상이 아니'라는 윤선도의 〈어부사시사〉의 한 구절이 떠오른다.

그래서 사람들이 많이 가는 등산로보다는 한적한 숲길이 더 좋고, 생태계가 단조로운 산보다 생태계가 다양한 산이 더 좋다. 넓은 길이나 반듯

식물을 사랑할 때

한 직선길보다 산토끼길 같이 좁고 구불구불하고 오르락내리락하는 산길이 좋다.

혼자서 참나무, 팥배나무, 잣나무 숲속으로 난 오솔길을 따라 천천히 가다 보면 박새, 딱새, 꾀꼬리, 뻐꾸기, 검은등뻐꾸기, 직박구리, 휘파람새, 쇠딱따구리, 오색딱따구리 소리가 들린다. 가장 흔한 박새만 해도 가벼운 몸짓이나 지저귀는 소리가 얼마나 아름다운지 모른다. 여름 철새인 휘파람새 소리는 마치 숲속의 정령이 부르는 노랫소리이거나 마녀가 사람을 홀리기 위해 내는 환상적인 소리 같다.

새소리만 아름다운 게 아니다. 바람소리, 물소리, 풀벌레 소리, 바람에 낙엽이 부대끼는 소리도 아름답게 들린다. 나는 특히 겨울철의 솔바람 소리를 좋아한다.

숲속에서 자연의 소리를 들으면서 걷다 보면 멀리서 들리는 자동차 소음이 얼마나 귀에 거슬리는지 알 수 있다. 인공소음 자체가 들리지 않는 산책로가 있으면 얼마나 좋을까 하는 생각이 든다.

산에 가면 왜 마음이 편하고 기분이 상쾌해질까? 우울증 환자들에게 산행이 도움이 되는 것일까?

영국의 젊은 여성 박물학자이자 25년간 우울증을 앓아 온 에마 미첼(Emma Mitchel)은 그의 책 『야생의 위로』(The Wild Remedy)에서 "날마다 숲속을 산책하는 일은 내게 그 어떤 상담치료나 의약품 못지않은 효과가 있다."면서 "최근 들어서 단 5분이나 10분이라도 녹지에 있는 것이 얼마나 유익한지 깨달았다."고 고백하고 있다.

정신과 전문의이자 선마을 힐리언스의 설립자인 이시형 박사는 『숲으로 가면 깨닫는 것들』이란 책에서 명상과 세로토닌의 상관관계에 대해서

의학적으로 설명하고 있다.

이시형 박사는 '명상'이란 스님이 좌선을 통해 하는 명상 외에도 산을 한 가롭게 어슬렁거리며 자연과 교감하는 것도 세로토닌의 분비를 촉진하는 '자연명상'이며, 산은 세로토닌의 보고라고 주장한다. 숲이 내뿜는 피톤치드, 음이온, 맑은 공기 등은 면역세포, 즉 NK세포가 증식한다고 주장한다. 산에 오면 머리가 맑아지는 이유는 온갖 방향제와 맑은 공기 때문이고. 마음이 편안해지는 것은 새소리, 물소리, 산들바람, 풀벌레 울음과 같은 일정한 듯하면서 일정하지 않은 1/f리듬이라 불리는 자연의 소리 때문이라고 한다. 자연의 소리는 규칙적인 것 같지만 자세히 들어보면 높은 음, 낮은 음, 긴 음, 짧은 음 등 아주 불규칙적이지만 전체적으로는 절묘한 조화를 이루어 사람 마음을 그지없이 편안하게 해 준다고 주장한다.

우리는 그동안 세로토닌이란 말은 몰라도 등산이나 산행이 좋다는 것을 경험적으로 알고 있기 때문에 주말마다 기를 쓰고 산을 찾았던 것이다.

산행이 세로토닌의 분비를 촉진해 우울증 개선에도 도움이 된다는 것은 의학적으로 근거가 있는 것이다. 전국의 명산이 주말만 되면 산행인파로 미어터지고, 맨발걷기 인구가 급증하는 것도 그러한 이유 때문이다.

1/f리듬이라 불리는 자연의 소리가 사람의 마음을 편안하게 한다면 역으로 각종 인공 소음은 사람의 마음을 불안하게 하는 것임을 알 수 있다.

산과 숲이 인간에게 미치는 영향을 고려한다면 자연을 잘 보존하고 도시에 숲을 만드는 것이 얼마는 중요한지 알게 된다.

식물을 사랑할 때

세로토닌형 인간 스콧 니어링

과거 시골 농부들은 밤에 잠잘 때를 제외하고는 바깥활동을 했기 때문에 햇볕을 많이 쬐고 식물과 흙을 가까이하고 살았다. 다만 가난했던 시골 농부들은 세로토닌형 인간으로 살았지만 충분한 영양을 섭취하지 못했고, 지나친 노동으로 골병이 든 사람들이 많았다.

야외에서 격렬한 운동을 하는 스포츠 선수들도 세로토닌은 많이 분비되지만 몸을 혹사시킨 나머지 '과사용증후군'이 나타나 오히려 독이 된다고 한다.

과유불급이라는 말이 있듯이 아무리 좋은 것도 과한 것은 부족한 것만 못하다. 그래서 적절한 노동, 적절한 운동이 필요한 것이다.

미국의 버몬트 숲에서 '조화로운 삶'을 살면서 이상적인 삶을 추구했던 자연주의자 '스콧 니어링'의 생활방식을 생각해 볼 필요가 있다.

스콧 니어링의 자서전을 보면 조화로운 삶의 법칙을 제시하고 있는데, 생계를 위한 노동 시간 4시간, 지적 활동 4시간, 좋은 사람들과 친교하면서 보내는 시간 4시간이면 완벽한 하루가 된다고 한다.

스콧 니어링(1883~1983)의 삶의 철학은 『월든』의 저자 헨리 데이비드 소로우(1817~1862)의 영향을 받은 것으로 보인다. 소로우보다 앞서 조선의 다산 정약용(1762~1836)의 글에서도 유사한 철학을 엿볼 수 있다. 현존하는 사람 중에 '이 시대의 소로우'라 불리는 세계적인 생물학자 베른트 하인리히(1940~)도 홀로 숲으로 들어가 동식물의 관찰을 통한 글쓰기와 달리기를 하면서 살고 있다. 이들의 공통점은 그 누구보다 뛰어난 저술을 남겼다는 점이다.

소로우가 『월든』에서 지나친 노동을 경계하면서 한 말은 이렇다.

> "대부분의 사람들은 무지와 오해 때문에, 부질없는 근심과 노동에 몸과 마음을 빼앗겨 인생의 아름다운 열매를 따보지 못하고 있다. 지나친 노동으로 투박해진 그들의 손가락은 그 열매를 딸 수 없을 정도로 떨리는 것이다. 사실, 노동하는 사람은 참다운 인간 본연의 자세를 매일매일 유지할 여유가 없다. 그는 정정당당한 대인관계를 유지할 여유가 없는데, 만약 그렇게 하려 들다가는 그의 노동력은 시장가치를 잃게 될 것이기 때문이다."

다산 정약용의 1810년 유배 중 해남 사람 천경문에게 써 준 〈증언(贈言)〉에는 "돌아보건대 아등바등 애를 써서 오직 입고 먹는 것만을 위해 애쓴다면 또한 슬프지 않겠는가." 하면서 지나친 노동을 경계했다는 내용이 있다.

다산은 육체적 노동을 경시한 게 아니라 지적 활동, 즉 배움의 중요성의 강조한 내용이다.

육체적 노동 시간과 지적 활동, 그리고 친교 활동의 균형을 통해 완벽한 하루를 살고자 했던 스콧 니어링은 부인 헬렌 니어링과 함께 손수 만든 거름으로 다양한 먹거리를 직접 재배하며 살았다.

또한 주변의 자연재료를 활용하여 몇 년에 걸쳐 소박한 돌집을 직접 짓고 벽난로를 설치하기도 했는데 그의 집은 지금도 보존되어 방문자를 반기고 있다.

그는 자급자족을 위한 노동 시간 외의 시간은 왕성한 저술 활동과 강연 활동을 하면서 부인과 함께 전국을 투어하며 다녔다. 스콧 니어링에게 생계를 위한 적절한 노동 시간은 지적 활동과 친교 활동에 더 큰 자양분이 되었을 것이다. 노동을 해 보지 않은 사람은 노동을 천시하거나 지적 우월감으로 주변 사람과 잘 어울리지 못하는 사람이 많다. 직접 농사일을 통해서 얻은 수확물을 주변 사람과 나누는 것은 농촌에 사는 이웃과의 교류에 중요한 매개체가 된다. 또한 농사일과 같은 생계 활동을 통해 얻은 경험과 살아 있는 지식은 저술 등 지적 활동과 강연에서 청중들의 공감을 이끌어내는 데도 큰 도움이 될 수밖에 없다.

50대 중반에 귀농을 한 후 4년간의 농사일을 해 본 내가 가장 주목한 부분은 바로 스콧 니어링의 노동 시간의 배분이다.

농사일이라는 것은 끝이 없다. 또 농사일은 반나절 하다 말고 다른 일을 하는 것 또한 쉽지 않다. 때문에 스콧 니어링은 확실한 원칙을 정해 생계를 위한 노동 시간을 하루 4시간으로 제한했던 것이다. 대신에 독서, 저술, 강연과 같은 지적 활동을 했다.

스콧 니어링의 삶의 방식은 은퇴 후 귀농을 계획하고 있거나 귀농을 한 사람들이 한 번쯤 생각해 볼 만한 가치가 있다. 사실 몸에 무리가 갈 정도로 많은 노동을 하는 것은 바람직하지 않다. 그렇게 농사일을 한다고 해서 돈이 벌리는 것도 아니다.

평생 절약해 가며 힘들게 번 돈을 노년에 허리, 어깨, 무릎 관절 등 수술비로 병원에 죄다 갖다 바치는 노인들이 부지기수다. 돈을 벌어야겠다는 생각으로 이것저것 많은 일을 벌리다 보면 어느 날 갑자기 "내가 왜 이러고 있지."라는 생각이 들면서 내가 토지 소유주인지 아니면 토지를 관리하는 머슴인지 분간이 가지 않을 때가 있다.

도시에 사는 부자도 마찬가지일 것이다. 밤낮 노심초사하면서 금고를 지키는 금고지기인지 진짜 돈의 주인인지 헷갈리는 사람이 많을 것이다. 죽을 때 돈을 가지고 가는 사람이나 그 돈으로 천국행 티켓을 샀다는 사람을 본 적이 없다.

톨스토이의 단편 소설 『사람에게는 얼마만큼의 땅이 필요한가』에 나오는 주인공 파홈 같은 사람은 아니라고 말할 수 있을까?

넓은 땅을 소유하는 것이 꿈이었던 파홈은 어느 날 상인으로부터 1천 루블만 있으면 원하는 만큼의 땅을 살 수 있는 '바시키르'라는 마을이 있다는 솔깃한 이야기를 듣게 된다. 파홈을 그길로 바시키르 마을을 찾아가 촌장에게 물었더니 과연 상인의 이야기처럼 촌장은 "어떻게 돌든 상관없지만 꼭 해가 지기 전에 출발점까지 돌아오시오. 그러면 당신이 돈 땅은 모두 당신 것이 된다."고 확약해 주었다.

땅 욕심 때문에 잠까지 설친 파홈은 다음 날 일찍 길을 나서 해질 때까지 돌아올 수 없을 만큼 멀리 간 나머지 허겁지겁 돌아왔지만 너무 지쳐 출발점에 돌아오자마자 쓰러져 죽고 말았다.

결국 파홈은 너무 욕심을 내는 바람에 죽어서 묻힐 만큼의 작은 땅 외에는 아무것도 얻지 못했다는 이야기다.

이성적으로는 "나는 절대 파홈처럼 살지 않을 거야."라고 하지만 현실에서는 파홈처럼 사는 게 인간이다. 성경을 읽고 불경을 외워도 파홈 같은 욕심을 떨칠 수 없는 게 인간이다.

파홈은 더 많은 것을 갖기 위해 멈출 줄 모르고 앞만 보고 달리는 현대인들의 상징 같은 존재다. 그렇다고 모든 사람이 그런 것은 아니다.

내가 아는 사람 중에 스콧 니어링과 비슷하게 사는 두 사람이 있다. 한 분은 신문사 기자 출신으로 홍천으로 귀농해 농사를 지으면서 전원칼럼니스트와 귀농귀촌 강사로 활동하고 있는 분이다.

또 다른 한 분은 춘천에서 은퇴 후 줄곧 상추 농사만 짓는 70대 중반의 노부부다. 그 노부부는 은퇴 후 15년 정도 상추 농사만 짓는다고 한다.

두 부부 모두 50대 전후에 부인은 유방암, 남편은 직장암 수술을 했는데 지금은 건강하다 못해 활력이 넘친다. 그분들은 자신들의 건강관리 비법이 상추에 있다고 한다. 상추 농사를 짓게 된 것도 항암성분이 풍부하고 농약을 치지 않고도 쉽게 재배할 수 있어 건강한 상추를 많이 먹기 위해서라고 했다.

노부부는 특별한 일을 제외하고는 아침과 저녁에만 농사일을 한다. 나머지 시간은 부인은 댄스, 탁구, 성가대 활동을 하면서 바쁘게 산다. 시골 면소재지만 해도 주민편의시설이나 복지시설이 잘되어 있다. 남편은 작은 비닐하우스에서 라디오 음악을 들으면서 상추모종을 키우는 등 힘들지 않은 일을 하거나 쉰다. 상추는 시원한 재배환경을 좋아하기 때문에 고온 다습한 한여름 장마철이 되면 가격이 폭등한다. 다른 집의 상추가 다 녹아 없어져도 이 노부부의 상추밭은 싱싱하다.

그 노부부의 밭은 경사지라 배수가 잘되고 통풍이 잘되는 밭인 데다가 그들만의 상추재배 노하우가 있기 때문이다.

그런데 노부부의 연간소득이 얼마나 되는지 궁금해서 물어본 적이 있다.

부부가 놀아가면서 상추 농사로 버는 연간 수익은 2천만 원 정도라는 말을 듣고 놀라지 않을 수 없었다. 보통 농업인들은 웬만큼 노지 농사를 지어도 그 정도 수익을 내기 어렵다. 15년 동안 상추 농사만 지었으니 도가 튼 것이다.

암을 극복한 것에 대해 감사하고 자급자족을 하고도 남을 만큼 벌이도 되니 이웃들에게 항상 웃는 얼굴로 상냥하게 대한다.

집 거실은 동네 사람들을 위해 카페처럼 꾸며 놓고 커피를 대접한다.

암 환자들 중에 귀농의 의사가 있는 사람들은 이 노부부가 살아가는 방식을 참고하는 것도 좋을 것이다.

농사일은 일단 시작하면 4시간 정도는 금방 지나간다. 욕심을 내다 보면 산책을 하거나 지적 활동을 할 시간이 없다. 또 몸이 아플 정도로 지나친 노동을 하면 과식을 하게 되고 술이나 담배, 커피의 유혹에 쉽게 넘어갈 수 있다. 실제 농업에 종사하는 사람들 중에 술과 담배에 찌들어 사는 사람이 의외로 많다.

세로토닌형 인간이 되고자 한다면 노동 시간을 줄이는 것 외에도 또 고쳐야 할 습관이 있다.

등산을 한 후 삼겹살이나 파전에 술파티를 하는 것이다. 나도 한때는 등산보다 막걸리 뒤풀이가 더 좋았던 적이 있었다. 주말농장을 가진 사람들 중에는 텃밭 가꾸는 재미보다는 삼겹살에 소주 먹는 재미로 하는 분들이 있다.

고기는 술을 부르고, 술은 담배와 커피와 같은 자극적인 것을 부르기 때문에 세로토닌 효과를 감소시키고 중독을 가져오는 도파민 분비를 촉진한다.

오늘날 한국 사회를 '중독사회'로 규정하고 위험성을 경고하는 사람들이 점점 많아지고 있다. 나도 스마트폰을 자주 보는 편이지만 지하철이나 기차를 타면 남녀노소 모든 승객들이 스마트폰을 보고 있다.

출퇴근 시간이나마 눈과 뇌를 쉬게 할 필요가 있는데도 전자파로 눈과 뇌를 혹사시키는 것이다.

길을 가다 자세히 보면 보행자는 물론이고 심지어 건널목을 건너거나 자전거를 타고 가면서 스마트폰을 보는 위험천만한 사람도 부지기수다.

긴박한 엄청난 뉴스가 있는 것도 아닌데 습관처럼 자신도 모르게 스마트폰에 빠져 있는 것이다. 만약 건널목을 건너면서 자동차를 신경 쓰지 않고 스마트폰을 보며 걷는 사람에게 "당신 스마트폰 중독자."라고 하면 아마도 그 사람은 엄청나게 화를 낼 것이다.

중독자들은 자신의 중독을 좀처럼 인정하지 않는다. 도박중독자는 손목을 잘라도 도박을 한다는 말이 있다. 중독은 그만큼 벗어나기 힘든 것이다.

스마트폰 중독자가 많으면 많을수록 좋아하는 사람들이 있다. 상품 광고업자와 제약회사와 병원이다. 세계적인 제약회사가 당뇨, 비민, 우울증 치료제로 천문학적인 돈을 벌 수밖에 없는 세상이 되어 가고 있다.

소신공양을 하는 것도 아닌데 왜 남들 돈벌이에 내 몸을 희생하면서까지 스마트폰 중독에 빠질 필요가 있냐는 것이다.

중독 전문가이자 『도파민네이션』의 저자 애나 렘키 스탠퍼드대 의대 교수는 아침에 마시는 카페인 음료, 끊임없이 보는 스마트폰, 술 한 잔 등으

로 우리 뇌는 쾌락을 느낄 때 분비되는 신경전달물질인 도파민에 압도당
하게 되는데 이 상태의 뇌는 균형으로 돌아가려다 오히려 도파민 결핍 상
태에 이르고 우울이나 불안, 갈망을 느끼게 되기 때문에 중독의 악순환에
서 벗어나기 힘들다고 지적한다.

중독에서 벗어나지 못하는 사람을 '도파민형 인간'이라고 볼 수 있다.

최근 우리나라 사람의 행복지수가 낮아지고 우울증과 정신질환자가 급
격히 늘어나는 이유는 무엇 때문일까? 나쁜 음식, 운동 부족, 스마트폰 중
독, 지나친 경쟁, 아파트문화가 복합적인 원인이 되어 야기된 결과로 봐야
한다. 나쁜 음식에 대한 중독문제도 심각하다. 무엇이 나쁜 음식인지 알
려 주는 사람도 없다. "옛말에 우선 먹기는 곶감이 달다."는 말이 있다. 더
늦기 전에 나쁜 음식에 대한 기준을 세워 우리 아이들의 건강을 지켜야
한다.

자연과 단절된 아파트라는 폐쇄적 공간이 스마트폰 중독에 빠질 수 있
는 최적화된 주거공간일지도 모른다.

한국은 홍콩과 싱가포르를 제외하면 아파트 거주비율이 가장 높은 나
라다. 오죽했으면 프랑스 학자 발레리 줄레조는 한국의 아파트 문화를 비
판적으로 보면서 『아파트 공화국』이라는 책을 썼을까. 아파트는 생활하기
에 편리하지만 자연뿐만 아니라 이웃과도 단절된 주거공간이다.

미국 코넬대학 교수 Evans 등 4명이 공동 저자인 〈주택과 정신 건강: 증
거와 방법론 및 개념적 비판에 대한 재검토(Housing and mental health:
A review of the evidence and a methodological and conceptual critique.
J. Soc. Issues 2003)〉이라는 논문을 통해 스코틀랜드의 고층 아파트에 거
주하는 964명 성인을 대상으로 한 연구결과 5층 이상의 아파트에 사는 거

주자들이 저층 및 단독주택에 거주하는 사람들보다 두 배 이상의 정신질환 증상을 경험했다고 밝혔다.

우리나라에서도 스마트폰과 정신건강, 아파트와 정신건강의 상관관계에 대한 연구를 해야 하고 대책을 마련해야 한다.

정신적으로 심각한 위기에 처한 사람들은 더 늦기 전에 어떻게 하면 자연을 가까이 하는 삶을 살 수 있는지 그리고 스콧 니어링과 같은 조화로운 삶을 살 것인지에 대한 진지한 고민이 필요하다.

나는 '세로토닌형 인간'으로 살고 있는가 아니면 '도파민형 인간'으로 살고 있는가?

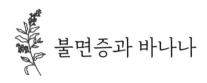

불면증과 바나나

불면증만큼 고통스러운 것도 없다. 수면의 질이 떨어지면 생활의 활력과 행복감도 급격히 떨어지고 우울증에 걸릴 확률이 높아진다고 한다.

우리나라 불면증 환자 수는 얼마나 될까? 정확한 통계는 아니지만 의료 기관에서 진단을 받은 불면증 환자가 연 100만 명 정도, 잠재적 불면증 환자는 500만 명 이상으로 추정된다고 한다.

나도 잠을 잘 이루지 못한 경험이 있다. 아직 수면제를 한 번도 먹어 보지는 않았지만 가끔씩은 술을 마시고 잠을 청한 경우도 있었다. 내 주변 사람들을 봐도 수면장애를 겪는 사람이 많다. 나이를 먹어서 자연스럽게 나타나는 현상도 있지만 젊은 사람도 잠을 잘 이루지 못한다는 사람이 의외로 많다.

"밥 잘 먹고 잠 잘 자는 게 건강의 비결."이라는 옛 어르신들의 말이 틀린 말이 아니구나 하는 생각을 갖게 된다.

지난해부터 눈꺼풀 떨림이 심해지고, 자는 둥 마는 둥 하는 불면증이 찾아왔다. 자주 뒤척이거나 깨면서 숙면을 취하지 못하다 보니 아침에 기분이 상쾌하고 개운해야 하는데 오히려 몸은 무겁고 머리가 멍한 느낌이 들때가 많았다. 컴퓨터 작업을 저녁 늦게까지 하는 날에는 마음과 근육의

　　　　　　　　　　　식물을 사랑할 때

긴장이 풀어지지 않아 잠이 더 오지 않았다. 위염 증상이 있어 새벽에 속이 쓰리면 잠이 잘 오지 않는 경우도 있었다.

그런데 이상하게도 자기 전에 바나나를 먹으면 잠이 잘 왔고 숙면을 취할 수 있었다.

신기해서 그 이유를 알아봤더니 바나나에는 근육을 이완시키는 마그네슘과 칼륨이 풍부하고 뇌를 진정시키는 트립토판이 함유돼 있어 취침 전에 바나나를 먹으면 잠드는 데 도움이 된다고 한다.

바나나에는 마그네슘과 칼륨뿐만 아니라 비타민 C, 비타민 B6, 섬유질 등 건강에 좋은 영양소가 많이 들어 있다. 또한 탄수화물과 섬유질, 항산화 물질이 풍부하다. 칼륨은 혈압을 낮추고 고혈압 위험을 줄이는 데 좋은 성분이다.

바나나에 풍부한 식이섬유가 소화를 돕고 섬유질인 펙틴은 변비 예방에 좋아 대장암에 걸릴 위험을 낮추는 데도 도움이 된다고 한다.

문제는 바나나를 먹고 출근하면 회사에서 졸리는 현상이 발생했다. 한동안 출근해서 졸리는 이유를 알지 못하다 어느 날 바나나 때문에 그럴 수 있겠다는 생각이 들어 바나나를 먹지 않고 출근했더니 졸음 현상이 없어졌다.

그 후부터는 아침 출근 전에는 바나나를 먹지 않는다.

식약동원(食藥同原) 이라는 말이 있듯이 인간의 몸은 약뿐만 아니라 음식에도 민감하게 반응을 한다.

프랑스 미식가 브리야 샤바랭이 음식의 중요성에 대해 "당신이 무엇을 먹는지 말해 달라. 그러면 당신이 어떤 사람인지 말해 주겠다."는 유명한 말을 남겼다.

그래서 어릴 때부터 건강한 먹거리에 대한 교육과 요리교육을 받아야 하고 음식을 가려서 먹어야 한다.

사람마다 체질이 다르다. 나는 커피에 매우 민감한 체질이어서 커피를 마시는 날에는 잠을 거의 이루지 못한다. 그래서 커피나 카페인이 들어간 음료를 마시지 않는다. 어떤 사람은 하루에 커피를 5잔 이상 마셔도 잠이 잘 온다고 한다. 나에게 효과가 있다고 해서 다른 사람에게 반드시 동일한 효과가 있는 것은 아닐 것이다.

어쨌든 취침 전 술을 마시고 잠을 청하는 것보다 걷기운동을 꾸준히 하면서 바나나를 먹는 게 건강에 좋지 않을까

나는 바나나가 수면 건강에 도움이 된다는 것을 홍보하기 위한 것이 아니라 창조주가 만든 식물의 오묘함을 이야기하려는 것이다.

식물을 사랑할 때

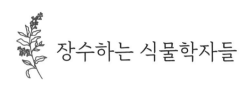

장수하는 식물학자들

2023년 영국의 에딘버러대학과 미국 노스캐롤라이나 주립대학, 캐나다 캘거리 대학 등 연구팀이 집주변 녹지공간과 인간의 세포노화에 영향을 미치는 텔로미어(Telomere) 길이의 상관관계를 연구한 결과를 '종합환경과학저널(Science of the Total Environment)'에 발표했는데 상당히 흥미롭다.

집 주변에 녹지가 많으면 텔로미어가 짧아지는 속도가 느려지면서 생물학적 연령을 2년 이상 낮추는 것으로 나타났다고 한다. 텔로미어의 길이가 짧아져서 더는 분열할 수 없으면 세포가 죽게 되는데 텔로미어가 짧아졌다는 것은 그만큼 노화가 더 진행됐다는 것을 의미한다.

그렇다면 평생 식물을 관찰하고 식물과 함께 지내는 식물학자들의 텔로미어가 짧아지는 속도는 집 주변에 녹지가 많은 사람보다 더 느려지지 않을까 하는 의문이 생긴다.

나는 식물학자들 중에 장수하는 사람들이 유독 많다는 것을 발견하게 되었다. 그 원인을 두 가지로 추정해 보면, 하나는 식물학자들이 다른 사람들에 비해 실제 장수했을 가능성이다. 다른 하나는 단명한 식물학자들은 세상에 알려지지 않고 장수한 식물학자만 세상에 알려져 마치 식물학자 대부분이 장수한 것처럼 보였을 가능성이다. 동서양의 식물학자들의 생몰연대부터 확인해 보면 놀랍게도 장수한 사람이 많은 것은 사실이다.

우선 우리나라 식물학계의 맥을 이어온 대표적인 식물학자로 정태현(1882~1971)은 89세까지 장수하면서 『한국식물도감』, 『조선식물향명집』 등의 많은 저서를 남겼다. 이 중 『조선식물향명집』은 정태현, 이덕봉, 도봉섭, 이휘재 4인 공저로 우리나라 최초로 2,000종의 식물명을 우리말로 체계적으로 정리해 1937년 발간한 식물도감이다.

이덕봉(1898~1987)은 89세, 식물분류학의 대가로 『대한식물도감』을 남긴 이창복(1919~2003)은 84세, 『한국식물도감』을 저술한 이영로(1920~2008)는 88세, 『한국식물명고』와 『식물지리』 등의 저서를 남긴 이우철(1936~2022)은 86세로 모두 비교적 장수했다.

1세대 식물학자로서 도봉섭(1904~?)은 납북되어 언제까지 생존했는지 기록이 없고, 이리농림학교 출신 장형두(1906~1949) 선생이 있긴 하지만 경찰고문으로 사망해 자연사한 것이 아니다.

일본의 경우 독학으로 식물분류학을 연구하여 '일본 식물학의 아버지'로 추앙받는 마키노 도미타로(1862~1957)는 95세까지 장수하면서 『대일본식물지』와 『마키노일본식물도감』 같은 명저를 남겨 세계적인 학자가 되었다. 그는 초등학교 중퇴 학력으로 식물을 연구하여 도쿄대 박사학위를 취득한 인물이며 그를 기념하기 위해 코치현에 설립된 2만 평 규모의 '마키노식물원'이 있다.

70세까지 살았던 나카이 다케노신(1882~1952)은 일제강점기에 조선총독부에서 한국의 식물을 정리하고 소개한 대표적인 인물이다. 한국에 자생하는 4,200여 종의 식물 중 한국 특산 식물 686종의 학명이 그의 성인

식물을 사랑할 때

Nakai가 명명자로 등재되어 있다.

우에끼 호미키(1882~1976)는 94세, 이시도야 츠도무(1884~1958), 모리 다메조(1884~ 1962)는 모두 70세를 넘긴 식물학자들이다.

중국의 경우 역사상 최고의 약초학자로 평가받은 명대의 이시진(1518~1593)은 76세까지 살면서 『본초강목』을 저술했다.

중국에서 가장 흥미 있는 인물은 256세까지 살았다는 이청운이라는 한의학자다. 그는 식물학자 겸 한의학자로 세계에서 가장 장수한 인물로 알려져 있다.

논란은 있지만 그의 생몰연대는 1677에 태어나 1933년에 사망했다는 설이 유력하다. 그의 장수비결은 늘 마음의 평정을 유지하면서 혈통(혈관), 요통(소변), 변통(대변) 등 3통을 잘 유지하기 위해 채식을 하면서 연잎, 결명자, 구기자, 병풀, 참마 같은 약초를 달여 마셨다고 한다. 장수의 비결로 "늘 마음의 평정을 유지하고, 거북이처럼 앉고, 참새와 같이 행동하고, 개처럼 잠을 자라."는 말을 남겼다고 하는데 마음의 평정을 유지하는 그만의 비법이 있는지는 모르지만 일반인은 마음의 평정을 유지하기란 쉽지 않다.

참새처럼 행동하는 것 또한 쉬운 일은 아니다. 나는 한동안 참새의 행동을 관찰해 본 적이 있는데 참새만큼 행복한 새가 없을 정도로 아침부터 무리를 지어 즐겁게 재잘거리며 수다를 떨고 한 시도 가만히 있지 않는다.

혈통, 요통, 변통의 3통이 잘되게 하려면 기본적으로 육식을 자제하고 운동을 많이 해야 한다.

동양뿐만 아니라 서양에도 장수한 유명 식물학자가 많다. 네덜란드의 식물학자 카를로스 클루시우스(1526~1609)는 83세, 스웨덴의 식물학자

칼 폰 린네(1707~1778)는 71세, 칼 피터 툰베르그(1743~1828)는 85세, 영국의 생물학자 겸 식물학자인 찰스 다윈(1809~1882)은 73세, 프랑스의 곤충학자겸 식물학자로 유명한 장 앙리 파브르(1823~1915)는 92세까지 살면서 『파브르 식물기』와 『파브르 곤충기』라는 명저를 남겼다.

독일의 대문호이자 식물학자인 요한 볼프강 폰 괴테(1749~1832)는 83세까지 살면서 『젊은 베르테르의 슬픔』 등 수많은 문학작품도 남겼지만, 식물 분야에도 해박한 지식을 가진 그는 『식물변형론』이란 책을 남겼다.

미국의 식물학자이자 땅콩 박사로 알려진 조지워싱턴 카버(1860~1943)는 83세까지 살았다. 이들과 비교하면 63세에 사망한 오스트리아의 식물학자 그레고어 멘델(1822~1884)은 비교적 단명한 편에 속한다.

물론 이 정도의 작은 사례를 가지고 식물학자는 무조건 장수한다고 주장할 수는 없지만 어쨌든 식물학자와 장수와의 상관관계에 대해 연구를 해 볼 만한 충분한 가치가 있다고 생각한다.

6.

신비한 식물들

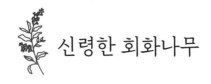

신령한 회화나무

중국, 한국 등의 풍수계에는 "신령스러운 기운이 스린 땅에서 걸출한 인재가 태어난다."는 '인걸지령(人傑地靈)'이라는 말이 전해 내려오고 있다. 특히 "명산이 있는 곳에서 큰 인물이 난다."는 말이 있다. 내가 익산에 오기 전까지 4년간 살았던 춘천 서면 박사마을은 풍수가들 입에 자주 오르내릴 정도로 풍수가 좋기로 유명한 곳이고 전국에서 박사가 가장 많이 배출된 곳이다. 나는 풍수를 맹신하는 사람은 아니다. 확률적으로 그렇다고 하니 믿지 않을 수도 없다.

풍수가 좋다고 하는 곳은 대체로 산수가 빼어난 곳이 많다. 춘천 박사마을도 산수가 아름다운 곳 중 하나다.

풍수와 인물의 상관관계는 그렇다 치고 나무와 인물 사이에도 상관관계가 있을까?

나는 몇 년 전 춘천 신북읍 산천리에 있는 우람하고 아름다운 굴참나무 노거수를 보러 갔다가 노거수 옆에 집이 있는 노인으로부터 "큰 나무가 있는 곳에 큰 인물이 난다."는 이야기를 들은 적이 있다. 조사를 해 보지 않아 모르겠지만 옛날부터 인물을 많이 배출한 양반 동네치고 노거수가 없는 곳이 없으니 전혀 근거 없는 얘기는 아닌 것 같다. 우리나라 노거

식물을 사랑할 때

수 중에 느티나무, 팽나무, 은행나무가 많지만 회화나무도 많다.

그런데 회화나무만큼 많은 비밀과 전설을 가진 나무도 없다. 이름은 괴화(槐花)를 중국 발음과 유사한 회화로 부르게 되면서 유래되었다고 한다. '槐' 자는 귀신(鬼)과 나무(木)를 합쳐서 만든 글자로 귀신을 물리치는 나무로 알려져 있다.

내가 춘천의 텃밭에서 돌보고 있는 회화나무는 토종회화나무로 아담하고 땅딸막하지만 300~400년 되는 오래된 노거수다. 나무 밑동 부분 껍질에는 고목나무 특유의 파란 이끼가 자라고 있다. 나뭇가지에는 물까치의 엉성한 둥지가 하나가 있고 직박구리, 박새가 자주 찾아온다.

회화나무 수령이 궁금해 팔순이 넘은 동네 어르신들에게 물어봐도 아는 사람이 없었다. 동네 어르신들의 말씀은 지금의 나무 모습이 어릴 때 본 모습 그대로라는 것이다.

회화나무는 잎이나 나무 모양이 평범해 보이지만 특이한 면이 있다. 회화나무는 다른 나무들의 잎이 무성할 무렵인 4월 하순에서 5월 초순이 되어서야 연한 새순이 나온다. 또 일반적인 나무는 봄에 개화하는 데 비해 7월 중순부터 꽃이 피기 시작해 8월이 되어야 꽃이 만개한다. 고목나무가 될수록 꽃이 더 많이 달리고 아름답다. 무수하게 달린 회화나무 꽃을 쳐다보면 상아빛 꽃이 폭포수의 물보라 같다. 자세히 보면 꽃망울일 때는 아이보리색을 띠지만 꽃이 피면 씨방 쪽은 노란색이고 꽃잎 바깥쪽은 흰색이다.

꽃이 떨어질 때면 하얀 꽃잎이 땅바닥에 눈처럼 소복이 쌓인다. 회화나무 잎이 다 떨어진 겨울에도 시리도록 푸른 하늘을 배경으로 뻗은 가지에는 절제된 아름다움이 느껴진다. 2021년 겨울에 바람도 쐴 겸 파주에 외식을 하러 갔다가 동패동 624-12번지에 있는 수령 250년 된 회화나무를 보는 순간 수형이 얼마나 아름다운지 감탄이 절로 나왔다.

회화나무의 수형이 아름다운 이유는 자기 스스로 전정을 하기 때문이다. 길게 뻗은 가지를 스스로 썩게 하여 떨어지고 또 새순이 돋아나는 방식으로 수형을 조절한다. 집 뜰에 심어도 수형을 만들기 위해 가지를 잘라 주는 수고를 하지 않아도 된다.

예로부터 중국인들은 집안에 회화나무를 가꾸면 대학자와 높은 관직의 인물이 나고 자자손손 평안하고 행복을 누린다고 믿었다.

중국의 영향을 받은 우리나라도 궁궐이나 양반가에서 뜰이나 대문 앞에 회화나무를 심어 귀하게 여겼다. 궁궐부터 서원과 문묘, 벼슬을 한 선비 집에 심거나 임금이 공이 많은 사람에게 상으로 내린 곳이어야만 회화나무를 심을 수 있었다. 회화나무는『삼국사기』와『백제본기』에도 기록이 있을 정도로 한반도에서 오래전부터 중요한 나무로 여겨졌다. 조선시대 회화나무 꽃은 과거시험 장원급제한 사람에 주는 어사화로도 쓰였다.

전국적으로 회화나무 노거수가 많은데 그중 5건이 천연기념물로 지정되어 있다. 창덕궁의 회화나무, 인천시 신현동 회화나무, 충남 당진 송산면의 회화나무, 경북 경주시 안강읍 육통리 회화나무, 경남 함안 칠북리 영동마을 회화나무가 천연기념물이다. 이 밖에도 전국적으로 보호수로 지정된 회화나무 노거수가 많다. 그중 주한 러시아 대사관 경내에 900년 된 회화나무가 있는데 일반인은 출입할 수 없다. 청와대 녹지원에도 250년 된 회화나무 3그루가 있는데 천연기념물 지정을 추진하고 있다. 경남 산청의 남사 예담촌에 있는 연리지 회화나무도 관광객들의 포토존으로 유명하다. 가로수로는 중국 베이징, 장안의 회화나무가 있고 국내에서는 은평구 연신내와 압구정동에도 도로변에 회화나무가 있다. 부산시 사하구 괴정동(槐亭洞)이라는 지명도 회화나무와 관련이 있다.

학자수라 불리는 회화나무는 과연 길상목이고 귀신을 쫓는 신목인가?

황당무계한 미신이라기보다는 인간의 오랜 경험을 통해 얻은 믿음의 결과라고 보아야 할 것이다. "믿음은 바라는 것의 실상."이라는 말이 있듯이 사실이냐 아니냐 따지기보다 믿는 것이 더 중요할 때가 많다.

회화나무는 지금부터 1500년 전에 나온 중국 후위의 가사협이 편찬한 중국 고대 농서인『제민요술』에 묘목재배 방법이 나온다.

씨앗을 삼씨와 함께 뿌리고 3년 동안 삼과 함께 키우면 곧은 묘목을 얻을 수 있다고 기술되어 있다. 중국 고대부터 곧게 키운 회화나무 묘목을 널리 보급했음을 짐작할 수 있는 대목이다.

우리나라 기록으로는『백제본기』다루왕(재위 28년~77년)편에 "2월 궁중에 있는 큰 회화나무가 스스로 말라 죽고 3월에는 좌보 흘우가 죽어 왕이 통곡하며 슬퍼했다."는 기록이 있다.『삼국유사』에도 "백제가 멸망하기 전 궁중의 회화나무가 사람이 곡을 하듯 울었다."는 기록으로 보아 이미 삼국시대부터 회화나무는 신령한 나무로 여겨져 왔음을 알 수 있다.

회화나무 신령함에 대해서는 고 민병갈 천리포수목원 원장의 일화를 빼놓을 수 없다. 민 원장의 일대기를 적은『민병갈 나무심은 사람』이란 책을 보면 민 원장은 1952년부터 한국은행 고문 임시보좌역으로 발령을 받아 한국은행에서 일을 했을 때 은행본점 마당가에서 자라던 회화나무 가지 하나를 잘라 천리포 수목원으로 가져와 '정자'로 불리던 소사나무집 앞에 꺾꽂이로 심었다는 내용이 나온다. 삽목 시점은 책에 언급되어 있지 않지만 1970년 천리포수목원 조성이 시작된 점으로 보아 1970년 초반인 것으로 보인다. 이후 세월이 지나 1980년 초 민 원장은 잠자다 일어나 느닷없이 관리인을 깨워 "정자에 빨리 가 봐. 그 앞에 심은 회화나무가 아프다고 울고 있어."라며 채근을 해서 한밤중에 1킬로미터 떨어진 정자까지 갈 생각이 없었던 관리인은 주변에 있다가 1시간 정도 지난 후 돌아와서 "회화나무는 아무렇지도 않으니 안심하고 그냥 주무세요." 하며 허위보고를 했다는 것이다.

그 후 몇 년 뒤 민원장이 아파서 울고 있다고 했던 그 회화나무는 소사나무집 화재로 큰 화상을 입었고, 2000년 여름에는 서해안으로 북상한 역대급 태풍 프라피룬이 덮쳐 뿌리가 솟고 몸통이 기우는 등 수난을 겪었다고 한다.

안동의 독립운동가 이상룡 선생의 고택인 임청각 앞에 있었던 회화나무에 얽힌 무시무시한 이야기가 전해온다. 그 나무는 숱한 전설만 남긴 채 지금은 없어졌다. 이 외에도 안동에는 고려 말 조선 초 문신 맹사성이 비보림(裨補林)으로 심었다는 회화나무 전설이 있다.

맹사성이 안동부사로 부임을 하는데 여기저기서 부인들의 통곡소리가 들려 이유를 알아보게 하니 안동에는 결혼을 하면 젊은 남편들이 죽어서 남편을 잃은 과부들의 울음소리라는 것이다. 풍수지리에 밝았던 맹사성이 안동의 지세를 살펴보고 액운을 막기 위해 영험하다는 회화나무를 비보림으로 심게 한 후로 안동에는 더 이상 그런 일이 없어졌다고 한다.

옛날 중국에서는 회화나무에 진실을 가려주는 힘이 있다고 믿어 재판관이 회화나무 가지를 들고 재판에 임했다는 설이 있다.

조선시대 궁궐이나 서원, 간혹 양반집에서 심었던 회화나무는 최근 가로수, 공원, 아파트 조경에 많이 쓰이는 나무이긴 하지만 가정집에 심는 경우는 흔치 않았다.

세계에서 가장 교육열이 높고 자식을 위해 모든 것을 희생하는 한국의 가정집에 왜 회화나무를 심지 않는지는 의아스럽다.

회화나무에 대해 무관심하거나 집안에 키가 큰 나무를 심으면 풍수상 좋지 않다는 속설을 믿기 때문인지는 알 수 없다. 집 안에 있는 나무가 지붕보다 높이 자라면 사람의 기운을 빼앗아 좋지 않다는 속설이 있는데 이는 근거가 없다고 본다.

우리나라 고문헌 중에『삼강행실도』와『오륜행실도』를 보면 도판이 많이 나오는데 공통적으로 집 주변에 큰 나무가 있다.

중국의 고전 중에『금병매사화』에 나오는 도판에도 집 뜰에는 키 큰 나무가 우아하고 아름답게 그려져 있다.

회화나무는 꽃이나 열매, 껍질, 뿌리, 줄기 등을 약으로 사용한다. 주로 혈압, 동맥경화, 중풍, 손발마비와 같은 순환계 질환과 식도암, 피부암, 장출혈, 자궁출혈, 잇몸질환, 화상, 치질, 치루 등에 좋다. 특히 회화나무 꽃에서 나온 벌꿀은 항암작용이 높은 것으로 알려져 있다. 꽃이 벌어지기 바로 전에 따서 말려 두었다가 약으로 쓰는데 잇몸질환에는 꽃을 볶아서 가루를 내어 잇몸에 자주 바르면 좋다고 한다. 회화나무 꽃에는 루틴 성분이 많아 혈중 콜레스테롤 수치를 낮추고 모세혈관을 튼튼하게 하고 혈액순환을 원활하게 도와준다고 하니 비만과 고지혈증 환자가 넘쳐나는 요즘 시대에 유용한 식물이라 할 수 있다.

열매는 혈액을 맑게 하고 간의 열을 낮춰주는 효과가 있어 간기능 개선에 도움이 되고 지혈작용이 강해 치질, 혈변, 자궁출혈, 혈뇨, 장염 등의 치료약으로 널리 쓰인다. 열매는 완전히 익은 뒤에 따서 햇볕에 말려 꼭지를 떼어 내어 사용하며, 덜 익은 열매를 따서 즙을 내어 중풍이나 신경 계통 질병을 치료하는 데 쓴다.

회화나무 잎은 고열과 습진 치료에, 나무줄기는 물에 달여서 바르면 종기나 가려움증에도 효과가 있다.

이처럼 신령스럽고 유용한 회화나무를 집집마다 심어 보는 게 어떨까.

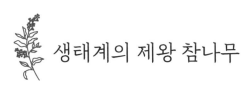

생태계의 제왕 참나무

고대 유럽의 여러 민족들이 참나무를 신목으로 숭배했다. 참나무는 어떤 나무보다 뿌리를 땅속 깊이 내리고 나뭇가지도 하늘 높이 무성하게 뻗기 때문에 지하세계와 천상의 세계를 연결하는 신목이라 여겼다.

영국의 웨일즈, 스코틀랜드, 북아일랜드의 조상 켈트족도 참나무를 신성시했다.

참나무는 영국인들의 기질처럼 어떤 악조건에서도 강인하고 단단하게 자라기 때문이라고 한다.

태양신을 숭배한 켈트족의 드루이드교 제사장은 참나무에 기생하는 겨우살이를 베어 제단에 바쳐 제사를 지낸 뒤 백성들에게 나눠줘 집의 추녀 밑이나 마구간의 천장에 매달아 둠으로써 번개와 벼락을 막고 귀신과 병마를 내쫓게 했다.

게르만족의 조상인 아리아인들도 참나무를 신성시했다. 참나무는 온갖 시련을 견디고 생존한 게르만족의 정신을 상징하는 나무라고 여겼다.

그리스 사람들도 마찬가지다. 아테네의 신전과 같은 공간에는 성스러운 숲을 조성하였는데 참나무는 제우스, 월계수는 아폴론, 올리브나무는 아테나 여신을 상징했다.

나는 요즘 참나무의 매력에 푹 빠져 있다. 12월경 신갈나무와 졸참나무 도토리를 화분에 심어 거실과 사무실 창가에 두었더니 1월 말이 되자 싹이 올라왔다. 참나무는 연두색 잎이 올라올 때가 가장 아름답다. 실내에서 도토리 싹이 나고 잎이 자라는 모습을 보는 게 그 어떤 일보다 재미있다. 나무를 키우는 재미는 키워 보지 않은 사람은 모른다.

내가 춘천에 살면서 본 나무 중에 춘천시 신북읍 산천리에 있는 굴참나무 노거수가 가장 아름다웠다. 그 나무의 수형은 미국의 사우스캐롤라이나 존스 아일랜드에 있는 엔젤 오크(Angel Oak)만큼은 아니지만, 영국 화가 존 크롬이 1818년에 그린 〈포링랜드의 참나무〉가 연상될 정도로 아름답다.

나는 혼잣말로 "이토록 멋진 나무에서 떨어진 도토리를 심으면 엄마나무를 닮아 멋진 나무가 될 거야." 하며 노거수 아래 떨어진 굴참나무 도토리를 주워 텃밭에 심었다. 그 후부터 공원이나 산에 가면 참나무를 자세히 관찰하는 습관이 생겼다. 참나무는 종류가 많다. 어느 참나무의 수형이 좋은지, 어떤 참나무가 녹음수로 가장 적합하고 단풍이 아름다운지, 또 어떤 나무가 병충해에 강한지 수년째 비교하며 관찰해 오고 있다. 껍질과 도토리 모양, 참나무를 찾는 새나 곤충의 생태를 관찰하는 것도 재미있다.

참나무를 곁에 두고 1년 내내 변화를 관찰할 목적으로 도토리를 종류별로 심었다. 가장 먼저 심은 굴참나무 도토리는 싹이 난 지 벌써 3년이 되었다.

내가 참나무를 좋아할 수밖에 없었던 이유는 이렇다. 집 가까이서 오래 키울 나무를 선택하는 기준으로 첫째, 더위를 피할 수 있는 녹음수로서 나무 수형이 아름다울 것, 둘째, 다른 식물과 공생이 가능할 것, 셋째, 단

식물을 사랑할 때

풍이 아름다울 것. 넷째, 많은 새가 찾아올 것 등의 조건을 만족시키는 나무를 찾다 보니 참나무만 한 것이 없었다. 참나무는 담쟁이덩굴과 겨우살이뿐만 아니라 산나물, 약초 같은 초본식물과 공생이 되지만 편백나무, 잣나무, 소나무 같은 상록 침엽수가 우거진 곳에 가면 산나물과 약초가 거의 자라지 못한다.

국내에 자생하는 대표적인 참나무로는 흔히 참나무 6형제로 불리는 굴참나무, 갈참나무, 신갈나무, 졸참나무, 상수리나무, 떡갈나무가 있고 이들 종간에 자연교잡이 이루어져 구별이 모호한 중간 종들도 많이 있다.

그런데 내가 참나무의 종류가 상상 이상으로 많다는 것을 최근에 알게 되었다.

미국 델라웨어대학교 더글라스 탈라미 교수가 쓴 『참나무라는 우주(The Nature of Oaks)』를 보면 우리가 알지 못했던 참나무에 관한 흥미로운 이야기가 많이 나온다. 그의 책에 의하면 참나무는 북반구에서 가장 종류가 다양한 나무군으로 손꼽히는데 전 세계에 대략 600종이 있고, 북미에는 90여 종이 서식한다고 한다. 참나무 종류가 이렇게 많다니 놀라운 일이다.

국내에서도 참나무는 전국 어디를 가든 볼 수 있는 가장 흔한 나무다. 최근 들어 참나무를 조경수로 심는 경우가 늘어나고 있다. 과거에는 그저 화력 좋은 땔감 정도로만 생각했지 전국의 산에 지천으로 늘린 참나무를 굳이 정원에다 들여놓을 이유가 없었다. 그만큼 희소성이 없어 관심을 받지 못했던 나무다.

그런데 참나무를 몇 년째 유심히 관찰해 보니 알면 알수록 매력이 넘치는 나무였다. 숲속을 산책하다 보면 목탁 소리보다 더 경쾌한 딱따구리 소리가 들리는데 주로 참나무를 쪼고 있는 소리다. 부리로 참나무를 쪼아

대는 딱따구리는 불가사의한 새다.

쇠딱따구리와 오색딱따구리를 볼 때마다 의문이 들었다. 부리가 아무리 강해도 쉬지 않고 단단한 참나무를 쪼아대는데도 부리가 성할 수 있는지, 머리로 전달되는 충격이 엄청날 텐데 왜 저런 식으로 먹이를 구해야만 하는지, 송곳처럼 뾰족한 부리로 나무를 쪼면 마찰이 적어 소리가 거의 나지 않을 텐데 어떻게 아름다운 소리가 나는지 등이다.

최근에야 안 사실이지만 딱따구리는 나무를 쫄 때 뇌의 충격을 완화할 수 있는 신축성 있는 뇌 보호막을 가지고 있다.

딱따구리의 특이한 점은 이뿐 아니다. 새 중에 가장 긴 혀를 가지고 있다. 나무속의 벌레를 쉽게 잡을 수 있도록 혀의 길이가 무려 20~25센티미터나 되고 혀끝에는 벌레를 걸어서 올릴 수 있도록 낚싯바늘의 미늘 같은 가시가 있다.

사슴벌레, 참나무하늘소, 장수풍뎅이도 참나무 숲에서 밤에 활동한다. 내가 사는 춘천 농가주택은 바로 옆이 산이라 여름밤이 되면 무시무시한 곤충 손님들이 현관 불빛을 찾아 날아든다. 그야말로 현관 불빛 아래 곤충야시장이 열린다. 사슴벌레, 참나무하늘소, 장수풍뎅이, 참나무산누에나방, 참나무재주나방, 옥색긴꼬리산누에나방 등이다.

이들 대부분이 참나무에서 서식하는 곤충들인데 매일 밤 찾아오는 기운 센 장수풍뎅이 소리가 가장 요란하다. 현관 유리창으로 사정없이 돌진하다 부딪혀 바닥에 떨어져 뒤집어진 채 허공에다 발버둥을 친다. 그러다 자동차 엔진 시동을 키듯 날개 엔진을 가동해 뒤집기를 시도해 보지만 실패하는 경우가 많다.

곤충들이 왜 가로등 불빛으로 모일까? 보통 사람들은 불빛이 있으면 당

식물을 사랑할 때

연히 모이는 게 '불나방'이라고 단정해 버린다. 여기에 '왜?'라는 의문을 갖지 않는다. 설사 의문을 가진 사람이 있다 하더라도 집요하게 연구하는 사람은 없을 것이다. 그러나 영국 임페리얼 컬리지 런던대 연구팀이 그 비밀을 풀어냈다.

2024년 1월 30일 국제학술지 '네이처 커뮤니케이션'에 게재된 연구결과에 의하면 곤충들이 인공조명을 향해 날아가는 게 아니라, 그 빛에 갇혀 밖으로 나가지 못한다는 것이다. 런던대 연구팀의 연구결과에 따르면 춘천 농가주택의 현관 유리창에 부딪히거나 뒤집어져 발버둥을 치면서 제대로 날지 못하는 장수풍뎅이도 빛공해 때문에 현기증을 일으켜 날지 못하는 것이다.

덩치 큰 참나무산누에나방은 현관 유리창과 출입구 외벽 붉은 벽돌에 몇 마리씩 죽은 듯 붙어 있는데 날개의 색을 보면 마치 화성에서 온 외계인 같은 무시무시한 포스가 느껴진다. 날개에 태극문양 같은 가짜 눈을 4개씩이나 달고 있고 더듬이와 눈도 꺼림칙하고 무섭게 생겼다. 후각역할을 하는 더듬이는 마치 전파를 쏘는 탐지레이더 같다. 깃털모양의 더듬이를 가진 놈은 수놈이고 빗살 모양의 더듬이를 가진 놈은 암놈이다. 옥색긴꼬리산누에나방은 참나무에서 서식하는 지는 불분명하고 흔히 볼 수 있는 나방은 아니다. 나방치고는 옥색치마를 걸친 듯 의상이 매우 화려하고 미모 또한 뛰어난 편이다. 그래도 눈은 천생 나방이고 무섭게 생겼다.

참나무의 역할은 이 뿐만이 아니다. 참나무 도토리는 다람쥐, 청설모, 각종 새와 작은 곤충인 바구미의 중요한 식량이다. 사람에게도 배고픈 시절에는 훌륭한 구황식품이기도 했다. 한국인들은 주로 묵을 만들어 먹지만 서양에서는 카페인이 있는 커피 대신에 도토리(Acorn) 커피를 만들어

마신다. 겨우살이와 능이버섯, 말굽버섯, 운지버섯, 영지버섯 등 다양한 버섯도 참나무 군락지에서 많이 발견된다. 서양 사람들에게 인기 있는 값비싼 송로버섯도 주로 참나무 숲의 땅속에서 난다. 도토리를 먹인 스페인산 이베리코 돼지고기는 풍미가 좋아 뒷다리로 '하몽'이라는 별미를 만들어 먹는다.

또 여름철 그늘막으로 이만한 나무가 없다. 가을이 되면 참나무 단풍이 아름답다. 자세히 보면 참나무 종류마다 잎의 크기도 나르고 단풍도 다르다. 가을에 낙엽이 지는 참나무가 대다수이지만 떡갈나무는 겨울에도 마른 잎을 가지 끝에 매달고 있다. 겨울바람이 불면 떡갈나무 잎이 서로 부딪혀 사각거리며 내는 떡갈나무 갈잎 연주소리를 들을 수 있다.

내가 정원에 심고 싶은 나무 중 하나가 떡갈나무인 이유도 이 때문이다.

참나무 낙엽은 쉽게 썩지 않고 나무 밑에 수북이 쌓인다. 참나무 잎의 분해속도를 늦추는 탄닌(Tannin)과 리그닌(Lignin) 성분 때문이라고 한다. 천천히 분해되는 참나무 낙엽은 표토층의 수분 증발을 막아 주어 유기물질이 풍부해 최상의 미생물 서식지가 된다.

외국에서는 참나무가 오래전부터 정원수로 인기가 높아 육종가들이 개발한 신품종이 온라인을 통해 거래되고 있다.

구글 검색창에 'Carl Ferris Miller'를 입력해 이미지를 검색해 보면 친숙한 떡갈나무 사진이 많이 나온다. 'Carl Ferris Miller'(민병갈 본명)라는 이름으로 전 세계 나무시장에 유통되는 한국 토종의 떡갈나무다. 세계적인 종묘상들이 묘목을 판매하기 위해 떡갈나무 설명과 함께 올린 사진들이다. 떡갈나무 이름이 민병갈 선생의 본명을 갖게 된 사연은 이렇다. 영국 식물학자 존 힐리어가 한국에서 떡갈나무 원종 씨앗을 채집하여 영국의 육종학자 알렌 쿰브스에게 선물했는데 그가 변종시켜 신품종 떡갈나무를 개발했다. 육종학자 알렌 쿰브스는 평소 자신이 존경했던 민병갈 선생님이 2002년 세상을 떠나자 추모하는 마음을 담아 신품종 떡갈나무를 민병갈 선생의 본명으로 이름을 지은 것이다. (임준수『나무야 미안해』)

그렇게 해서 민병갈 선생은 죽어서도 떡갈나무 이름으로 남아 식물애호가들에게 사랑을 받고 있는 것이다.

탈라미 교수는 매우 흥미로운 분이고 집요한 관찰력을 가진 분이다. 그는 자기 집 정원에 참나무를 심고 18년 동안 생태를 관찰해 쓴 책이 바로 『참나무라는 우주』다. 탈라미 교수는 식물, 조경, 곤충에 관심이 많은 나에게 생태라는 새로운 관점에서 자연과 조경을 보게 해 준 분이다.

탈라미 교수가 제시하는 참나무의 좋은 점 세 가지는 첫째, 다른 어떤 나무보다 다양한 애벌레의 성장을 돕는다는 점이다. 둘째, 바람을 막아주는 한편 여름에는 그늘을 만들어 주고 열섬효과를 완화시켜 준다는 점이다. 셋째, 탄소흡수 능력과 저장능력이 뛰어나 지구 기후문제를 완화하는데 다른 모든 식물보다 뛰어나다는 점이다.

그는 또한 참나무의 특징 중 하나로 도토리를 심으면 첫해에 앞으로 수백 년 동안 튼튼하게 자랄 수 있게 도와줄 단단한 뿌리를 땅속에 내린다는 점을 지적하고 있다. 사실 아까시나무나 잣나무는 바람에 쉽게 쓰러져도 참나무는 쓰러지지 않는다. 그만큼 땅속에 뿌리를 깊이 박는다. 나도 굴참나무 도토리를 토기화분과 플라스틱 화분에 나누어 심어 가을에 뿌리가 얼마나 내렸는지 확인을 하다가 깜짝 놀란 적이 있다. 참나무는 첫해에 줄기나 잎의 성장보다는 뿌리성장에 집중하고 뿌리가 줄기에 비해 몇 배나 길게 자란다는 것을 알게 되었다. 1년생 참나무 묘목을 손으로 뽑으면 다른 나무와 달리 뽑히지 않는다. 그만큼 뿌리를 땅속 깊숙이 내리는 나무다. 용비어천가에 나오는 "뿌리 깊은 나무 바람에 아니 뮐세"라는 표현은 참나무에 딱 들어맞는 말이다.

참나무의 이와 같은 뿌리내림의 원리는 중국 극동지방에서만 자라는 희귀종인 '모소대나무'와 비슷하다. 모소대나무는 씨앗에서 싹이 트고 4년간 고작 3센티미터밖에 자라지 못하는데 5년째 되는 날부터 하루에 무려 30센티미터가 넘게 자라기 시작해 6주 만에 15미터 이상 자라게 되고 곧 주변은 빽빽하고 울창한 대나무 숲이 된다고 한다. 6주 만에 엄청난 속도로 성장한 것처럼 보이지만, 씨앗이 움트고 나서 4년 동안 땅속에서 수백 제곱미터의 뿌리를 내리면서 기초를 튼튼히 다졌기 때문에 가능한 것이다.

탈라미 교수는 미국 델라웨어대학교에서 곤충학 및 야생동물 생태학을 가르치는 교수로 그의 주된 연구 목표는 식물과 곤충이 얼마나 다양한 방식으로 관계를 맺는지, 그 관계가 동물 군집의 다양성에 미치는 영향을 연구하는 분이다.

2008년 첫 책 『Bringing Nature Home』을 통해 조경에서 토종식물 활용의 중요성을 강조했다. 이후 그는 2014년 뉴욕타임스 베스트셀러로 선정된 『Nature's Best Hope』를 통해 집 마당을 작은 국립공원처럼 생태적으로 가꾸라는 메시지와 방법론을 제시했다.

오늘날 미국의 조경 트렌드는 식물의 생태적 기능(Ecological Functions)과 조경적 기능(Landscape Functions)을 함께 고려해 적합한 식물을 선택해 식재하는 자연주의 조경을 추구하고 있다. 이런 관점에서 보면 참나무는 두 가지 기능을 모두 충족하는 최고의 나무에 해당한다.

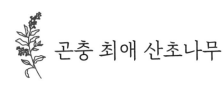

곤충 최애 산초나무

일본 작가 마쓰이에 마사시의 소설 『여름은 오래 그곳에 남아』를 보면 화산기슭에 있는 무라이 설계사무소의 여름별장 뒷마당에 있는 산초나무 5그루에 관한 대화 내용이 나온다. 아무도 관심을 갖지 않을 것 같은 산초나무의 특징을 소설의 대화 속에서 자연스럽고 재미있게 녹여내는 점이 인상 깊었다.

보통 식물도감에 나오는 설명을 보면 자생지, 키, 줄기, 잎, 꽃, 열매 순으로 설명이 되어 있는데 너무 딱딱해서 식물에 대한 호기심이 전혀 생기지 않는다. 이 소설은 등장인물의 대화를 통해 산초나무의 특징을 담아내고 있다.

산초나무에 대한 대화내용을 짚어 보면서 코멘트를 하자면 이렇다.

가시에 대해서는 "유리창 공사를 마친 야마구치 겐이치로 씨 별장에 빈집털이가 두 번 다시 들어갈 엄두를 못 내게 산초나무를 심으면 어떨까?" "반소매를 입고 손을 뻗으면 무섭게 딱딱하고 날카로운 가시에 얼마나 혼나는지 모른다."고 표현하고 있다.

현실적으로 산초나무 가시를 무서워할 정도로 나약한 도둑은 없을 것이다. 순전히 도둑을 막을 목적이라면 산초나무보다는 주엽나무, 탱자나무, 꾸지뽕나무를 심는 게 낫다. 그러나 어쨌든 기발하고 재미있는 발상이다.

열매의 향에 대해서는 "초록색 열매가 넘칠 만큼 많이 달려 가까이 가기만 해도 좋은 냄새가 난다."고 표현하고 있다.

산초나무 열매를 따서 말릴 때 가까이 가서 맡아 보면 특유의 강한 향기가 나지만 꽃향기만큼 좋은 냄새인지는 모르겠다. 작가가 산초나무 열매의 향기를 직접 맡아 보지 않고서는 이런 표현을 쓰기 어렵다. 식물에 대한 작가의 지식과 관찰력이 전문가 수준이라는 생각이 들었다.

열매의 식용방법에 대해서는 "삶아서 냉동하기도 하고, 장아찌를 만들기도 하고, 두 사람은 매년 산초나무 열매 따는 것을 즐거움으로 삼는 것 같았다."고 표현하고 있다.

산초나무 열매는 옛날부터 익은 열매는 산초 기름을 짜는 데 쓰였고 풋열매는 장아찌를 만들어 먹었다. 삶아서 냉동으로 보관해서 먹는다는 것은 이 소설에서 처음 알게 되었다. 냉동해서 어떻게 먹는지는 나도 궁금하다.

생태계에 대해서는 "뒷마당의 산초나무가 이상하게 시끄럽다. 산비둘기가 세 마리, 산초나무에 앉아 있다. 가시가 다리에 닿는지 푸득푸득 날갯짓을 되풀이하면서 계속 위치를 바꾸고 엉거주춤한 자세로 목을 빼듯이 하며 파란 열매를 쫀다." "많으니까 먹고 싶은 만큼 먹으래. 호랑나비도 산초 잎사귀를 굉장히 좋아하고, 저렇게 가시에 찔리면서도 너무 맛있으니까 못 참겠나 봐."라며 마치 순수한 어린이의 눈으로 사물을 관찰하고 있는 듯이 재미있게 표현하고 있다.

사실 소설가나 건축가 중에서 산초나무의 생태계에 대해서 아는 사람은 많지 않을 것이다. 나도 산초나무가 호랑나비의 기주식물이라는 것은 알고 있었지만 비둘기가 쪼아 먹는다는 것은 몰랐다.

나무의 이식 시기에 대해서는 "산초나무를 옮겨심기에는 좀 늦었어요. 사실은 장마철이 좋지만 이제부터 옮겨 심으려면 가을이 돼야 해요." "그래? 그러면 가을이 되고 나서 우리 집 산초나무 두 그루를 야마구치 씨 댁으로 옮기기로 하지. 그럼 됐나?"라고 표현하고 있다.

나무의 이식 시기는 이른 봄이 가장 좋고 그다음은 성장을 멈춘 가을이 좋다. 뻔한 이야기이지만 소설 속에 이야기로 담아낸다는 것 자체가 대단하다.

이 소설은 건축 소설임에도 식물, 새, 곤충 등 자연생태를 재미있고 비중 있게 다루고 있다. 나는 여유 있을 때 이 소설을 다시 읽으면서 소설 속에 나오는 식물, 조류, 곤충의 종류가 얼마나 많은지 세어 보려고 한다.

이 소설은 건축뿐만 아니라 자연생태에 대한 폭넓은 터치와 세밀한 묘사가 돋보이는 소설로 자연생태학자가 쓴 작품이 아닌가 하는 착각마저 들게 한다. 한국에도 이런 잔잔한 소설을 쓰는 사람이 있었으면 좋겠다. 물론 판매부수가 많지 않겠지만 말이다. 권모술수, 잔인한 폭력과 살인, 출생의 비밀 같은 자극적인 소설이 아니어도 흥미 있는 소재가 얼마든지 많다.

식물과 건축에 관심이 많은 나에게 딱 맞는 소설이어서 재미있게 읽었다.

소설에서 별장 건물 뒷마당에 산초나무가 있다는 게 신기했다. 사실 가시가 달린 산초나무가 소설에 등장할 정도로 아름답거나 사람들이 관심을 가질 만한 나무는 아니다. 나비 생태에 관한 소설이었다면 산초나무가 등장하는 것은 이상할 게 없지만 건축 관련 소설에 예상치 못한 산초나무가 등장한 게 신선했다.

우리나라 공원이나 가정집 또는 별장에 산초나무를 심는 경우는 거의 없다. 내가 어릴 때 자란 밀양 시골에는 산초나무와 유사한 초피나무를 시골집 뒤꼍에 심는 경우가 많았다. 경상도에서는 초피나무를 제피나무라고 불렀다.

초피나무 어린잎은 독특한 향과 맛 때문에 장아찌를 담아도 좋고 된장국을 끓일 때 한 줌씩 넣거나 장떡을 부칠 때 넣으면 향이 기가 막힌다. 요즘도 초피순 된장국 맛이 그립지만 그런 된장국을 파는 곳도 없고 내가 직접 끓여먹고 싶어도 초피나무 어린 새순을 구하기도 어렵다. 지구온난화로 대구가 주산지였던 사과도 강원도 양구에서도 재배가 가능하게 되었으니 춘천에서도 초피나무 재배가 가능하지 않을까 해서 몇 그루를 심었다. 초피나무 열매는 내가 어릴 때도 일본으로 수출을 했기 때문에 공급이 달리고 가격이 괜찮았다. 시골 농부들은 한 푼이라도 더 벌려고 초피나무 열매를 따려고 온 산을 헤매고 다녔다.

경상도 지역에서는 초피나무 열매를 고춧가루만큼 반찬을 만들 때 많이 사용했다. 덜 익은 풋열매는 통째로 빻아서 사용했고 빨갛게 익은 열매는 껍질을 사용했다. 추어탕은 물론이고 겉절이나 김치를 담글 때도 고춧가루와 함께 넣었다. 그래서 시골집 주변에 초피나무를 심는 경우가 많았다.

초피나무와 유사한 산초나무는 잘 익은 까만 씨앗을 골라 기름을 짠 산초유를 약으로 사용했다. 열매껍질은 화초라 하여 햇볕에 말려 건위, 중풍, 치통, 편도선염 등에 쓰였다.

산초나무는 호랑나비 애벌레의 기주식물로 나비생태공원을 만든다면 반드시 심어야 할 나무다.

내가 어릴 때 부모님은 산초 기름을 짜기 위해 산초열매를 따러 다녔다. 산초 기름을 경상도에서는 '난대기름'이라고 불렀는데, 만병통치약처럼 사용했기 때문에 산초 기름이 비싸게 팔렸다. 나는 '난대기름'의 어원이 어디에서 시작되었는지 만병통치약이라 할 만큼 효능이 탁월한지 지금도 궁금하다.

영동대학교 조순장 교수팀과 강원대학교가 2009년부터 벌인 공동연구에서 세계에서 최초로 동물실험을 통한 산초추출물의 면역증강 효능을 연구한 결과 비교군에 비해 면역증강에 중요한 역할을 하는 세포인 T-세포의 발현을 증가시켜 생체의 면역능력을 향상시킨다는 것을 발표했다.

민간에서는 난대기름을 한 숟가락씩 먹기도 했지만 화상치료에 많이 사용했고 나도 그런 경험을 했다. 지금 생각해 보면 무모하다고 생각할 수도 있지만 내가 어릴 때는 죽을 정도가 아니면 병원에 가지 않고 자가에서 민간요법으로 치료를 했다.

나는 어릴 때 왼손에 심각한 화상을 입었던 적이 있다. 어렴풋한 기억이지만 초등학교 1~2학년쯤 겨울에 쇠죽을 끓이는 가마솥에 나무로 된 쇠죽갈고리로 여물을 앉히다 무게 중심을 잃고 그만 펄펄 끓는 물에 왼쪽 손이 팔꿈치 아래 부분까지 빠지게 되었다. 나는 너무나 뜨거워 울면서 부엌으로 달려가 양동이에 있는 찬물에 본능적으로 담갔다. 다행히 겨울이라 양동이 물은 얼음처럼 차가웠다. 누가 시켜서가 아니라 너무 뜨거워서 그랬는데 나중에 알고 보니 응급처치로는 최고의 방법이었다. 왼손 팔꿈치 아래까지 피부가 뻘게지더니 무서울 정도로 수포가 생겼다. 시골 깡촌에 병원이 있을 리도 없었고 병원을 가려면 삼랑진까지 20리 길을 걸어서 가야 하는데 저녁이라 갈 수도 없었다.

아버지는 수포가 생긴 내 손에 생감자를 찧어 바른 다음 천으로 칭칭 감아 주셨다. 그 후 난대기름을 바르고 병원에 데려갔다고 한다. 아직도 내 손에는 흉터가 남아 있지만 피부색이 조금 다를 뿐 보통 화상환자의 보기 흉한 흉터와는 달리 거의 표시가 나지 않는다.

춘천으로 귀농한 후에는 산초나무가 호랑나비 애벌레의 기주식물이라는 사실을 알고 산초나무를 많이 심었다. 아내와 함께 어린 새순을 따서 장아찌를 담아 먹어 봤는데 맛은 괜찮았지만 미역처럼 약간 미끌거리는 느낌이 있고 초피나무순보다는 맛이 없었다.

그러던 중 마사시의 소설을 읽게 되었다. 소설 속에 산초나무가 등장해 너무 반가웠다.

산초나무는 7월부터 9월까지 꽃이 피며 한쪽에서는 열매가 여물어 가고 한쪽에서는 꽃이 피는 독특한 식물이다. 4월 연한 새순이 나오면 어디서 날아왔는지 호랑나비가 산초나무 잎사귀에 드문드문 알을 낳는다. 호랑나비는 4월부터 10월까지 산초나무와 쉬나무 잎에 산란을 하는데 약 7개월간 애벌레를 관찰할 수 있다.

산초나무는 은행나무처럼 암나무와 수나무가 다르다. 나는 텃밭 일을 하다 종종 산초나무를 찾아오는 곤충을 관찰한다. 아침, 점심, 저녁, 밤 시간에도 관찰하기 위해 춘천 농가주택 마당과 창가에도 심었다. 인근 밭에는 200여 그루를 심었다.

내가 어릴 때부터 익숙한 산초나무에 집착하게 된 것은 추석 때 우연히 밀양에 있는 고향마을 뒷산에 큰 산초나무 수나무에서 가중나무꼬치나방 애벌레 몸을 뚫고 나와 꿈틀대는 꼬치벌 애벌레와 허리가 날씬하고 섹시

한 나나니벌을 본 후부터다. 그 후 춘천 농가주택 마당에 산초나무를 심어 관찰했는데 아니나 다를까 호랑나비 애벌레가 보였다. 애벌레가 성장해 꼬치로 변신하는 용화과정을 보기 위해 수시로 관찰을 하다가 두색맵시벌이 나타나 재빠르게 호랑나비 애벌레 몸에다 침을 쏘는 장면과 땅에 떨어진 애벌레가 데굴데굴 구르는 장면을 보고 난 후부터 본격적으로 산초나무를 관찰하기 시작했다.

두색맵시벌은 이름대로 두 가지 색을 띠며 멋쟁이처럼 날렵한 몸에 선글라스를 끼고 있는 벌처럼 보인다.

산초나무 꽃이 피면 온갖 곤충들이 날아든다.

내가 관찰한 바로는 식물 중에 산초나무 꽃에 가장 다양한 곤충들이 찾아오는 것 같았다. 곤충관찰이 취미라면 산초나무를 정원이나 텃밭에 심는 것이 가장 좋다.

사마귀는 곤충들이 많은 산초나무에서 사냥감을 찾기 위해, 호랑나비와 가중나무꼬치나방은 산초나무 잎에 산란을 위해, 호랑나비, 흰줄표범나비, 줄점팔랑나비, 사향제비나비, 긴꼬리제비나비, 산제비나비 등은 꿀을 얻기 위해 찾는다.

두색맵시벌과 꼬치벌은 호랑나비 애벌레와 가중나무꼬치나방 애벌레의 몸속에 산란을 하기 위해 산초나무를 샅샅이 수색을 한다.

산초나무 꽃이 필 때면 토종벌, 호리병벌, 곤봉호리병벌, 민호리병벌, 야노뾰족벌, 노래기벌, 쌍살벌, 말벌, 황띠배벌, 주홍가위벌, 홍다리조롱박벌, 별붙이파리, 초록파리, 검정대모꽃등에, 왕꽃등에, 주홍가위벌, 흰점박이꽃바구미, 팔점긴하늘소, 홍가슴풀색하늘소, 붉은산꽃하늘소, 애사키뿔노린재, 썩덩나무노린재, 갈색날개노린재 등 수많은 곤충을 관찰할 수 있다.

산초나무 꽃에 도대체 무엇이 있기에 이렇게 많은 곤충들 모여들까? 그리고 암꽃보다 수꽃에 더 많은 곤충들이 모이는 이유는 무엇일까? 나는 어린아이처럼 여전히 그것이 궁금하다.

식물을 사랑할 때

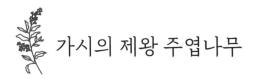

가시의 제왕 주엽나무

주엽나무는 약초꾼이셨던 아버지가 가장 아끼고 사랑했던 나무다. 가시가 무섭게 달린 주엽나무를 아버지가 유독 좋아하셨던 이유는 주엽나무에 놀라운 약성이 있다는 믿음 때문이었다. 아버지는 주엽나무는 대풍(나병)도 치료할 만큼 약성이 뛰어나다고 하셨다. 지금도 시골에 가면 아버지가 심은 주엽나무가 밭에 많이 자라고 있다. 일찍 심은 것은 수령이 40년은 족히 넘었다. 그 후에도 주엽나무를 계속 심었다. 아마도 300여 그루는 넘을 것이다. 주엽나무는 아주 희귀한 나무는 아니다. 조선 중기의 대표적인 성리학자 회재 이언적 선생님(1491~1553)이 심은 것으로 알려진 경주시 안강읍 옥산서원에 있는 나무가 수령이 가장 오래된 것으로 천연기념물로 지정되어 있다. 최근 노거수에 대한 관심이 높아지자 전국에서 주엽나무 노거수가 언론을 통해 세상에 알려지고 있다. 충남 부여군 남면 삼용리, 전북 고창군 대산면 중산리, 전북 김제시 행촌리 동령마을, 전남 신안군 지도읍 탄동리 탄동마을, 울주군 온양읍 삼광리 벌방마을에도 수령이 오래된 노거수가 있다.

고려시대 〈한림별곡〉에서도 "조협나무에 붉은 실로 붉은 그네를 매옵니다."라는 구절이 나온다. 주엽나무는 조협목에서 조협나무를 거쳐 주엽나무로 불리는데 일부 지방에서는 주엽나무, 쥐엄나무, 조각자나무, 가막가즐나무라고도 부른다. 주엽나무는 중국에서 전래된 나무로 알려져 있지만 우리나라 산에서 자라는 토종 주엽나무도 있다. 아버지가 심은 나무는 외래종 주엽나무가 아닌 산에서 캐다 심은 자생 주엽나무다.

주엽나무 가시는 생김새가 매우 독특하다. 우선 외관상 가시가 무서울 정도로 길다. 삼지창보다 더 날카롭고 무섭게 생겼다. 나뭇가지처럼 가시에 또 잔가시가 난다. 성장 속도가 매우 느린 나무이지만 옮겨 심으면 더 빨리 자란다. 심지어 옮겨 심은 나무는 옮겨 심지 않은 나무에 비해 몇 배나 빨리 자란다. 나는 주엽나무 씨앗을 두 번 심었다. 13년 전에 밀양에 있는 밭에 심었고, 3년 전 춘천의 농가주택 담장 아래에 씨앗을 심었다.

내가 주엽나무 씨앗을 춘천까지 가져와 심은 이유는 2가지다. 첫째는 대풍(나병)을 낫게 하는 효능이 있다는 아버지 말씀 때문이고, 둘째는 아버지가 생각나는 나무이기 때문이다. 나는 돌아가신 아버지를 만날 수는 없지만 아버지가 떠오르는 주엽나무를 심은 것이다.

주엽나무는 가시를 약으로 쓰고 씨앗과 나뭇가지도 약으로 쓴다. 옻나무 백숙이나 엄나무 백숙처럼 주엽나무 백숙을 만들어 먹기도 하는데 어머니는 주엽나무 가지를 삶은 물로 식혜를 만들어 주시기도 했다.

10년 전 아버지가 돌아가시고 장례를 치른 다음 날 아버지를 생각하면서 생전에 좋아했던 주엽나무 묘목을 집 담장 부근에 7그루를 심었다.

그 후 내가 춘천으로 귀농을 한 뒤 3년 전에 고향에서 가져온 주엽나무 씨앗 50여 개를 심었다.

춘천에 있을 때 밀양 시골집에 아버지가 심었던 주엽나무를 블로그에 소개한 적이 있는데 몇 분이 전화를 걸어왔다. 한 분은 충청도에서 양계

식물을 사랑할 때

장을 하시는 분이었는데 주엽나무 성분을 이용해 항암계란을 생산하려고 묘목을 찾고 있다고 했다. 또 한 분은 옛날에 부산에서 살았던 분인데 당시 어느 초등학교 정문 옆에 약성이 뛰어난 주엽나무가 한 그루 있었는데 재개발을 하면서 그 나무도 사라졌다는 것이다. 오래 전 기억을 더듬어 그때 본 것과 같은 주엽나무를 찾고 있다고 했다.

최근에는 주엽나무의 항암효과에 대해서도 연구가 이루어지고 있다. 항암 효능이 있는지 아버지가 믿고 있었던 대풍(나병)까지 낫게 하는 효능이 있는지는 앞으로 연구가 계속되어야 할 것이다.

한 가지 기대가 되는 것은 미국의 인공지능 반도체 기업 엔비디아(Nvidia)가 신약 개발을 위한 슈퍼컴퓨터를 개발했다는 소식이다. 생물학을 디지털화해서 해당 정보값을 컴퓨터에 입력시키는 것이 가능해지면서 AI 신약 디자인이 가능해지고 신약 개발 기간도 획기적으로 단축시킬 수 있다고 한다.

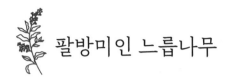

팔방미인 느릅나무

느릅나무는 오래전부터 민간 약재로 사용되어 온 대표적인 약초다. 느릅나무의 뿌리껍질을 유근피, 나무껍질은 유피라 한다. 요즘은 조경수로도 인기가 많다. 한강 수변공원이나 여의도공원 등에 참느릅나무가 많이 식재되어 있고 아파트 조경수로도 많이 식재되는 나무다. 국내 자생하는 느릅나무는 참느릅나무, 당느릅나무, 왕느릅나무, 느릅나무가 있다.

일부 지역에서는 이순신 나무라고 부르기도 한다. 이순신 장군이 무과 시험을 보다 말에서 떨어져 다리가 부러져 버드나무 껍질로 동여매고 과거급제는 했지만 상처에 고름이 생겨 고생할 때 낫게 해 준 나무라 하여 일명 '이순신 장군 나무'라 부르기도 한다. 그런데 당시의 의술로 다리 골절상을 어떻게 치료했는지 신기하기만 하다.

느릅나무는 다산 정약용 선생의 시 〈유림만보(楡林晚步)〉와 두보의 시 〈성도부(成都府)〉에도 나온다.

나도 춘천에 느릅나무를 몇 그루 심었다. 느릅나무를 심은 것은 두 가지 이유 때문이다. 첫째는 약초꾼이셨던 아버지가 시장에 가장 많이 파셨던 느릅나무의 가치 때문이고, 둘째는 은판나비의 기주식물이라는 것 때문이다.

식물을 사랑할 때

은판나비는 네발나비과에 속하는 나비로 뒷날개에 은색무늬가 크게 박혀 있는 아름다운 나비다.

느릅나무는 알면 알수록 팔방미인형 나무다. 한약재로 널리 쓰였고, 초근목피하던 시절 죽, 떡, 술, 국수 등 구황식품으로도 쓰였다. 목기그릇, 술통, 마차바퀴 재료로도 사용되었고 최근에는 건강기능식품 재료와 정원수로 인기가 많은 나무다.

유근피는 한약재 시장에서 사람들이 가장 많이 찾는 약초 중 하나다. 수년 전 경동시장 한약재상에 들러 항암약초 중 최고의 약초가 무엇인지 물어본 적이 있었다. 그 약재상 사장님은 조금도 망설임 없이 "당연히 유근피"라고 했다.

유근피는 부작용이 없어 위장병 등 몸속에 염증이 있는 사람들이 찾는 약초다. 유근피를 물에 끓이면 홍차 색깔처럼 검붉은 물이 우러나면서 점액질의 끈적끈적한 진액이 나온다.

요즘은 축농증이나 만성 비염환자가 많이 찾는다고 한다.

느릅나무는 조선시대의 『구황촬요』, 『치생요람』 등 여러 문헌에 기록이 돼 있을 정도로 껍질, 잎, 뿌리 등이 여러 가지 용도로 사용되었다. 느릅나무의 활용법에 대해서는 인산 김일훈 선생이 쓴 『신약』을 참고해 볼 만하다.

또한 느릅나무 꼬투리가 달리면 푸른 채 따서 찌고 햇볕에 말린 다음 겨울철에 술을 빚으면 향기가 좋다고 한다. 전통주 제조에 관심이 있는 분이라면 한번 시도해 보길 권한다.

느릅나무 어린잎은 이른 봄에 채취하여 나물이나 된장국을 끓여 먹기도 하고 뿌리껍질은 가루를 내어 국수를 만들어 먹고 느릅나무 씨앗은 절구에 찧어서 메주를 만들어 느릅된장[楡醬]을 담을 수 있다.

익산에 있는 한 식당 내부에 느릅나무의 효능에 관한 현수막 문구가 있어 여성들이 관심을 가질 만한 꿀피부를 만드는 데 도움이 되는 내용이 있어 그대로 옮겨 본다.

"느릅나무는 옛날부터 소변을 잘 나게 하는 데, 몸이 붓는데, 종기·종창 치료약으로 널리 썼다. 부스럼이나 종기가 난 곳에 송진과 느릅나무뿌리 껍질을 같은 양으로 하여 짓찧어 붙이면 놀랄 만큼 잘 낫는다. 이 밖에 위궤양, 십이지장 궤양, 장궤양, 부종, 수종, 위암, 직장암, 중이염, 축농증 등 온갖 염증성 질병과 궤양 화농성 질병에 효험이 있다.

위암, 식도암, 직장암 등에는 유근피, 꾸지뽕나무, 화살나무를 달여서 하루 3~4번 나눠 마시고 자궁암이나 직장암에는 유근피를 진하게 달인 물로 자주 관장을 한다.

느릅나무 진은 여성들의 살결을 곱게 하는데도 효과가 탁월하다. 껍질을 물에 담그면 끈적끈적한 진이 나오는데 그 진을 얼굴이나 피부에 바른다. 1~2분 안에 끈적끈적한 진이 피부에 싹 스며드는데 이것을 하루 2~3번씩 반복하면 어린아이처럼 살결이 고와진다."

식물을 사랑할 때

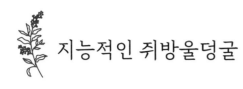

지능적인 쥐방울덩굴

춘천 농가주택에 있는 식물 중 가장 많은 식물이 쥐방울덩굴이다. 쥐방울덩굴은 이름은 좀 특이하지만 나비에 관심을 갖게 해 준 고마운 식물이다.

농가주택은 춘천 서면 방동리에 있는 오래되고 허름한 외딴집이다. 바로 옆에 볏짚을 쌓아 놓은 듯한 노적봉이라는 산이 있고 앞에는 금산천이라는 개울이 흐른다. 도로가의 덤불 속에 쥐방울덩굴이 많이 자라는 것으로 보아 오래전부터 자생했던 것으로 보였다.

농가주택 안방 창문 아래 참마 잎과 비슷한 잎사귀가 달린 덩굴이 자라고 있었는데 이상한 애벌레 여러 마리가 무리를 지어 잎을 갉아먹고 있기에 사진을 찍어 검색을 해 봤더니 사향제비나비 애벌레와 꼬리명주나비 애벌레였다. 하도 신기해서 사진을 찍어 SNS에 올렸지만 사람들은 아무런 관심이 없었다.

애벌레들이 갉아먹고 있는 덩굴이 쥐방울덩굴이라는 것을 그때서야 알게 되었다. 이 두 종류의 애벌레는 쥐방울덩굴 없이는 생존이 불가능하다. 꼬리명주나비는 쥐방울덩굴만 먹고 자라고, 사향제비나비는 쥐방울덩굴과 유사한 등칡을 먹기는 하지만 등칡은 쥐방울덩굴만큼 흔하지가 않다.

쥐방울덩굴은 나무를 타고 올라가는 것을 좋아하는 덩굴성식물이다. 큰방 창가에 있는 명자나무, 서양보리수나무와 장독대 옆에 있는 뽕나무, 앵두나무를 타고 올라간다. 타고 올라갈 나무가 없는 곳에는 막대기로 지지대를 만들어 주었다.

2년 전부터 집 곳곳에 많은 씨앗을 뿌려놔서 앞으로 집 전체가 쥐방울덩굴로 뒤덮일 것이다.

쥐방울덩굴의 생태를 몇 년 동안 관찰해 본 결과 매우 까탈스럽고 독특한 식물이라는 것을 알게 되었다.

봄에 씨앗을 뿌리면 다른 식물과는 달리 6월 장마철이 지나야 겨우 싹이 난다. 야생 쥐방울덩굴을 캐서 옮겨 심으면 그해에는 적응을 하지 못해 거의 자라지 않다가 다음 해부터 봄부터 본격 자란다.

쥐방울덩굴은 타고 올라갈 지지대가 있어야 빨리 자란다. 지지대가 짧으면 위로 뻗어 올라가는 것을 포기하고 곁가지를 뻗는다. 지지대가 없으면 여러 덩굴 순이 마치 담합이라도 하듯 모여 새끼줄처럼 꼬아서 서로를 지탱하며 위로 올라갈 정도로 지능적인 식물이다. 이런 방식으로 1미터 이상의 목표물까지 도달하기도 한다. 서로 떨어져 있던 덩굴 순이 어떻게 신호를 주고받아 한곳에 모여 협력을 하는지 신기할 따름이다.

지지대 역할을 할 수 있는 나무가 있으면 좋겠다는 생각을 한 후부터는 쥐방울덩굴 근처에 나무를 심거나 처음부터 나무 밑에 씨앗을 뿌렸다.

주로 꾸지뽕나무, 산초나무, 황벽나무, 사과나무, 서부해당화, 소나무 뿌리 부근에 뿌렸다.

쥐방울덩굴은 대표적인 운향과 식물로 사향제비나비와 꼬리명주나비의 기주식물이다. 운향과 식물은 잎이나 덩굴, 씨앗을 손으로 비벼 만지

식물을 사랑할 때

면 식물마다 특이한 냄새가 나는데 쥐방울덩굴에서는 화장품 냄새가 난다. 냄새가 고약하다는 사람도 있지만 나는 쥐방울덩굴 냄새를 매우 좋아한다.

곤충들은 초고성능 후각을 가지고 있는데 나비도 마찬가지다. 나방의 경우 깃털처럼 생긴 더듬이로 암컷이 내뿜는 냄새뿐만 아니라 식물의 냄새를 탐지한다. 쥐방울 덩굴이 있는 곳에는 사향제비나비와 꼬리명주나비가 귀신같이 알고 산란을 위해 찾아온다. 쥐방울덩굴 꽃은 왜소하고 작지만 색소폰처럼 매우 독특하게 생겼다. 잎은 토란이나 연잎 표면처럼 비가 오면 구슬처럼 방울이 맺혀 떨어진다.

열매가 익으면 겨울에 거꾸로 매달린 낙하산처럼 펴지게 되는데 씨앗이 바람에 날려가 번식한다. 쥐방울덩굴은 오랫동안 고혈압과 해열·거담·진해 등을 치료하는 약재로 쓰였으나 신장암과 방광암 등을 일으키는 성분이 있는 것으로 밝혀지면서 약재사용이 금지되었다.

사람에게 암을 유발하는 식물인 쥐방울덩굴만 먹고 자라는 나비 애벌레가 있다는 게 신기한 일이다.

왜 나비 애벌레가 먹어도 되는 식물을 사람이 먹으면 특정한 질병을 유발하는 것일까?

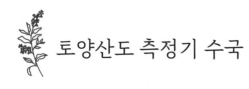

토양산도 측정기 수국

    수국은 토양산도 측정기라 불릴 만큼 토양의 성분에 따라서 꽃의 색깔이 변한다. 강산성 토양일수록 진한 푸른색 꽃이 피고, 중성토양이면 진한 핑크색이 된다. 토양이 중성에 가까울수록 하얀색으로 변한다는 주장은 사실과 다르다. 하얀색 수국을 원하면 별도의 품종을 구해서 심어야 한다.

    구글 검색창에 'White Hydrangea'를 검색해 보면 종묘회사마다 독특한 이름을 붙여 흰 수국을 판매하고 있다. 'Annabelle' Smooth Hydrangea, 'Incrediball' Smooth Hydrangea, White Wedding Hydrangea 등 다양한 품종이 있다.

    수국의 아름다움 때문인지 수국꽃밭을 조성하거나 수국축제가 많이 열린다. 일본은 말할 것도 없고 우리나라에서도 수국 축제가 열리는 곳이 많다.

    수국은 여름과 장마의 시작을 알리는 꽃이다. 불쾌지수가 높은 여름 장마철에 수국만큼 아름답고 청량감을 주는 꽃도 없다.

    끊임없이 개발되는 수국 신품종과 깊은 산에서 자생하는 산수국의 아름다운 꽃을 보면 수국 육종가가 되고 싶어진다.

수국의 나라 일본은 육종 분야에서 네덜란드와 쌍벽을 이룰 만큼 독보적인 위치에 있다. 다만 네덜란드는 전문육종회사들이 육종하는 데 반해 일본은 종묘회사나 공공기관에서도 하지만 대부분 소규모 생산농가에서 육종을 통해 신품종을 개발한다. 일본은 개인 육종가가 1,000명이 넘는 세계적으로 유례가 없는 나라다. 일본에서 개발된 수국만 2,000종이 넘는다고 하니 일본의 육종기술의 수준이 어느 정도인지 미루어 짐작할 수 있다.

육종 분야는 끈기와 집요함이 없이는 불가능한 분야이기 때문에 한 품종을 개발하는 데 10년 이상 걸리는 경우가 허다하다. 오타쿠 기질이 있는 일본인에게 육종 분야가 적성에 잘 맞는다는 견해도 있다.

일본의 대표적인 수국 육종가인 '이치에 토요카즈'가 개발한 하이드레인저 댄스파티(Hydrangea Dance Party), 일본 교토의 수국육종가 '이리에 료지'가 개발한 '미스 사오리(Miss Saori)', 시네마현 수국연구회에서 개발한 '만화경', '은하' 같은 신품종을 보면 경이롭다는 생각이 든다.

수국은 환상적인 느낌과 청량감을 주는 파스텔톤의 크고 아름다운 꽃도 매력적이지만 토양의 산도(PH)에 따라 색상이 변하는 신비한 꽃이라는 점이 더 매력적이다. 또 하나의 이유는 수국 잎은 필로둘신(Phyllodulcin)이라는 성분 때문에 설탕보다 400~800배의 단맛을 내지만 당분이 전혀 없어 설탕 대체제로 각광을 받고 있기 때문이다. 단맛을 내는 식물로는 수국 외에도 사탕수수, 감초, 스테비아 등이 있다. 이 중 감초 또한 설탕의 성분과는 전혀 다른 글리시리진(Glycyrrhizin)이라는 단맛을 내는 성분이 있다. 글리시리진은 항염, 항균, 해열, 진정 작용이 있어 한약에 널리 쓰이고 설탕 대체제로 사용 가능하다.

단맛을 내는 천연감미료로는 필로둘신(Phyllodulcin), 글리시리진

(Glycyrrhizin) 외 꿀(Honey), 포도당(Glucose), 과당(Fructose), 설탕(Sucrose), 엿당(Maltose), 이소말트(Isomalt), 글리세롤(Glycerol), 소르비톨(Sorbitol), 만니톨(Mannitol), 자일리톨(Xylitol), 알룰로오스(Allulose), 메이플 시럽(Maple syrup) 타가토오스(Tagatose), 토마틴(Thaumatin), 모넬린(Monellin), 커큘린(Curculin), 스테비오사이드(Stevioside)가 있다.

수국은 오래전부터 일본과 유럽인들의 사랑을 받아 왔다.

이미 18세기부터 수국색상의 변화에 관심을 가신 서양의 정원사들은 흙에 녹슨 못을 넣고, 차를 붓고, 심지어 주문을 외면서 수국의 색깔 변화를 실험했다는 이야기가 있다.

우리나라 산림토양의 산도(PH)는 대부분 4.0~4.5에 해당하는 강한 산성토양이기 때문에 산수국 꽃의 색깔은 진한 푸른색(Deep blue)에 가깝다. PH7을 기준으로 PH가 7이면 중성, pH 값이 7보다 작으면 산성토양, 7보다 크면 염기성(알칼리성) 토양이다.

나는 수국 중에서 산수국을 가장 좋아한다. 몇 년 전 강원도 양구에 있는 대암산 중턱에서 산수국 꽃을 처음 봤다. 아침이슬을 머금은 산수국의 꽃술을 보고 있으면 "인간 세상의 꽃이 아닌 선계의 꽃"이라는 생각이 든다.

최근에는 산행을 하다가 인적이 없는 곳에 산수국 군락지를 발견했다. 산수국 군락지 가운데 후손이 찾지 않은 오래된 묘지 봉분 위에 산수국이 한가득 자라고 있는 것을 보고 묘한 생각이 들었다. 묘지의 주인이 꽃을 좋아하는 여성일까 아니면 어떤 사람일까 궁금했지만 비석이 없어 알 방법이 없었다.

산수국은 아침에 잠시 해를 보고 오후에는 해가 가려지는 그늘진 곳을 좋아한다. 특이한 점은 화려한 가짜 꽃은 곤충을 유인할 목적으로 피는데 진짜 꽃에서 수정이 되면 고개를 뒤집어 떨군다.

토양의 산도(PH)에 따른 수국의 색깔 변화

PH	Color
4.5	Deep blue
5.0	Medium blue
5.5	Lavender purple
6.0	Purple pink
6.5	Light pink
6.8	Medium pink
7.0	Deep pink

종자주권과 문익점의 목화

인류가 생존하는 데 있어 가장 많은 도움을 준 식물은 밀, 목화, 쌀, 옥수수, 뽕나무 등일 것이다.

그중에 목화는 오래전부터 중요한 작물이었고 무궁화, 접시꽃, 금화규, 부용과 같은 아욱과 식물로 꽃이 아름답다. 서양에서는 양털 같은 솜 때문에 목화의 모습을 양이 달린 식물로 묘사하기도 했다.

목화를 보면 꽃이 두 번 피는 것처럼 보인다.

한 번은 진짜 꽃이 피는 것이고, 두 번째 꽃은 씨앗을 감싸고 있는 하얀 솜이 부풀어 올라 마치 눈꽃처럼 보이는 것이다.

어릴 때만 해도 솜이불을 만들기 위해 목화를 재배한 농가가 더러 있었다.

배고픈 시절 덜 익은 목화열매를 먹기도 했는데 제법 달짝지근한 맛이 났다.

옛날 사람들은 덜 익은 목화열매를 다래맛과 비슷한 단맛이 난다 하여 '목화다래'라고 불렀고 껍질을 까서 목화솜이 있는 부분을 먹었다.

최근에 목화를 본 것은 2023년 겨울 순천시 낙안읍성에 들렀을 때이다. 초가집 옆의 목화밭에 눈꽃송이처럼 목화가 한가득 피어 있어 발걸음을 멈추고 한동안 아름다운 풍경을 바라본 적이 있다.

그런데 나는 목화꽃을 볼 때마다 궁금증이 생겼다.

목화씨의 최초 전래자로 알려진 문익점 이전에는 한반도에 목화가 없었을까 하는 의문이다.

원나라 조정을 방문했던 문익점이 목화씨를 붓 뚜껑에 담아 몰래 국내에 들여와 최초로 전파했다는 이야기는 여러 가지 측면에서 의문이 있을 수밖에 없다.

옛날 문헌의 기록에는 오류가 많은 게 사실이고 문헌을 볼 때는 곧이곧대로 믿을 것이 아니라 '왜?'라는 의문을 갖는 게 좋다.

인도가 원산지인 목화가 BC600년경에 중국으로 전해졌다고 한다. 문익점이 원나라에서 목화씨를 몰래 가져온 것은 고려 말인 1363년이다.

그렇다면 문익점을 통해 고려에 목화씨가 전해지기까지 약 2000년 동안 중국에서 재배되었던 목화가 조선에는 전해지지 않았다는 이야기가 된다.

목화솜은 겨울을 나기 위한 백성들의 생필품으로 국내외적으로 수요가 많아 중국의 조정에서는 당연히 일반 백성들에게 목화재배를 권장했을 것이다. 또한 농부들은 잉여농산물이나 씨앗을 내다 팔았을 것이다. 그렇다면 당연히 중국 전역에 목화가 생산되었을 것이고 한반도에도 전래가 되었을 것이다.

또한 고구려의 광개토대왕, 장수왕 재임시절의 광대한 영토를 감안한다면 목화는 문익점 이전 오래전부터 한반도에 전해져 재배되었을 가능성이 높다.

뿐만 아니라 가야 김수로왕의 왕비가 목화의 원산지인 인도 사람인 점을 고려해 보면 설사 중국을 통해 목화가 유입되지 않았다 하더라도 인도에서 직접 한반도로 전해졌을 가능성도 있다.

문익점 이전에도 한반도에 목화가 있었다는 근거가 있다. 한반도에 백제 시대부터 이미 목화가 있었다는 것은 지난 2007년 국립부여박물관이 부여 능산리 절터 유물 속에 백제 시대 면직물을 발견하면서 알려졌다. 백제 절터에서 발견된 면직물은 문익점의 목화씨 반입보다 무려 800년이나 앞서 만들어진 것으로 추정되었다.

한반도의 목화전파 가능성을 추론해 보려면 유럽과 남미의 목화재배 상황을 참고해 볼 필요가 있다.

리처드 메이비가 쓴 『춤추는 식물』이라는 책을 보면 목화의 전파에 관한 이야기가 나온다.

목화는 오래전부터 경작과 교배가 이루어졌고 인더스강과 현재 파키스탄과 북서쪽 인도에 걸친 가가하크라강 사이에 있는 인더스 계곡에서 BC1000년경에 전문적인 직조가 이루어졌음을 보여 주는 증거가 발견되었다고 한다.

또한 목화는 그리스 로마 시대 때부터 남유럽에서 수입했는데 10세기 초 무어인들에 의해 스페인과 시칠리아섬에 소개되었고, 14세기 무렵에는 전 유럽대륙에서 흔히 볼 수 있었다고 한다.

남미의 칠레와 페루의 발굴지에서 출토된 목화의 일종인 고시피움 바르바덴스(G. barbadense)의 씨앗과 이 씨앗의 부드러운 깃털로 만든 실과 어망은 BC4000~3000년의 것으로 밝혀졌고, 멕시코에서 발견된 고시피움 히르스툼(G. hirsutum)의 씨앗은 BC3500년의 것으로 밝혀졌다고 한다.

위 책의 내용을 종합해 보면 동서양이 기원전 수천 년 전부터 목화를 재배했고, 문익점이 목화씨를 가져왔다는 1363년경에는 이미 유럽 전역에서 목화를 재배했다. 그런데 유독 한반도에만 문익점 이전에 목화가 재배되지 않았다고 하는 것은 가능성이 희박한 주장이다.

그렇다면 원나라 조정에서 국외유출을 금지했음에도 문익점이 붓뚜껑에 몰래 숨겨 왔다는 목화씨의 정체는 무엇일까?

추정컨대 원나라가 인도 등지에서 가져온 신품종이거나 원나라에서 자체 개발한 신품종일 가능성이 높다.

원나라 조정은 농업을 진흥하기 위하여 1286년에 『농상집요』를 편찬했는데 목화의 재배를 장려한 내용이 나온다.

목화재배를 장려한 원나라 조정은 목화 신품종 씨앗의 국외반출을 통제한 것이 아닌가 추정된다.

최근에는 종자산업의 중요성이 높아지고 있고 우리 종자를 확보해 잘 지키는 것이 국가 경쟁력이라는 이른바 '종자주권'이 강조되는 시대다.

종자주권의 시각으로 보면 문익점이 들여온 목화 씨앗은 종자가 얼마나 중요한지 알게 해 주는 역사적 사건이다.

오늘날 육종가들이 개발한 신품종은 법으로 보호하고 있다. 국제식물신품종보호협약에 따라 식물신품종 개발자에게 지적재산권에 준하는 권리를 부여하는 제도가 있고, 국내에서도 식물신품종보호법에 따라 품종보호 등록을 하면 신품종을 개발한 육종가의 권리를 보호받을 수 있다.

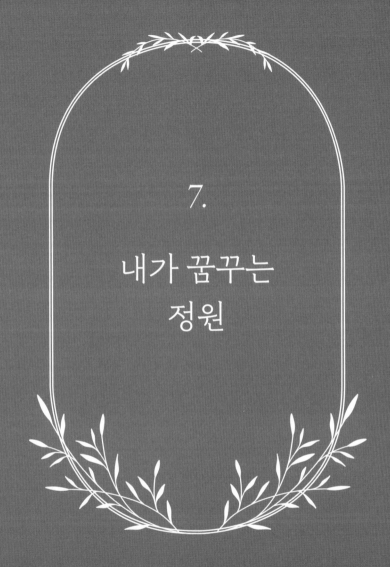

7.

내가 꿈꾸는
정원

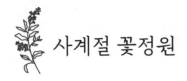

사계절 꽃정원

법정스님의 책『아름다운 마무리』에 나오는 편양 은기스님(1581~1644) 의 꽃에 관한 시를 보고 감명을 받은 적이 있다. 나는 책을 읽다가 관심 있 는 분야가 나오면 그것을 계속 추적하고 쫓아가는 스타일이다. 그래서 은 기 스님이 어떤 분인지 궁금해서 인물검색을 해 봤더니 내 고향 밀양 출신 의 사명대사 유정스님(1544~1610)과 함께 서산대사 휴정스님(1520~1604) 의 제자였다는 사실을 알게 되었다. 언기스님이 400여 년 전 사명대사의 임종 직전의 모습을 생생하게 그린 '유정 승시상'이 몇 년 전 발견되어 불교 계에서 큰 화제가 된 것을 보면 언기스님은 시뿐만 아니라 그림에도 능했 던 분이다. 법정스님의 책에 소개된 언기스님의 시는 이렇다.

비 내린 뒤뜰에는 가득 꽃이 피어
맑은 향기 스며들어 새벽 창이 신선하다
꽃은 뜻이 있어 사람 보고 웃는데
선방의 스님들 헛되어 봄을 보낸다

꽃을 심고 관찰하면서 '인생은 꽃과 같다'는 생각이 들었다. 내가 좋아하는 꽃 중에 서부해당화가 있는데 그 꽃이 피고 지는 과정을 보면서 인생과 흡사하다는 걸 느끼게 되었다. 꽃망울이 맺혀 활짝 피기까지는 보름 정도 걸린다. 마치 초승달이 보름달로 변화하는 모습과 비슷하다. 갓 솟은 새빨간 꽃망울은 초승달처럼 생기 있고 아름답다. 꽃망울이 점점 커져 굵은 팥알 크기의 상현달 모양이 되면 꽃의 색감이 이팔청춘 인생처럼 아름답다. 조금 더 부풀어 올라 보름달처럼 만개하면 세상의 풍파를 조금 겪은 듯 분홍색으로 변한다. 전성기를 지나면 기력을 잃어 가는 듯 연분홍색으로 변해 마침내 꽃의 일생을 마감한다. 꽃은 그런 존재다. 작지만 향기 있는 꽃이 있고, 화려해도 향기 없는 꽃이 있다. 서로 비교대상도 아니고 시기질투의 대상도 아니다. 산에 핀 야생화가 울타리에 핀 화려한 장미를 부러워하지도 닮으려 하지도 않는다. 그 나름대로 존재 의미가 있는 것이다.

다시 언기스님의 시로 돌아와 "꽃은 뜻이 있어 사람보고 웃는데."라는 것이 무엇을 의미하는지 모르지만 정답이 없는 이 모호함이 때로는 마음에 더 와닿는다. 자기 생각을 강요하지 않고 읽는 이마다 다르게 받아들일 수 있다.

'깨달음이 뭔지나 알고 수행을 하는가?'라는 질문을 던지는 것 같기도 하고, '화무십일홍'이란 말처럼 인생도 그럴진대 답이 없는 것을 가지고 답을 찾느라 너무 애쓰지 말라는 말 같기도 하고, 성경의 전도서에 나오는 "청년이여, 젊음을 마음껏 즐겨라. 아직 젊었다는 것을 기뻐하고, 하고 싶은 일은 무엇이든지 하라. 그러나 하나님의 심판도 있다는 것을 기억하라."는 말 같기도 하다. 엿장수 마음대로 알아서 해석하면 되니 이 얼마나 좋은가. 세상에 수학을 빼고는 정답이 없는 것 같다. 수학적 확률이 삶에 있어서 중요하지만 그렇다고 삶의 공식은 아니다. 알고 보면 정답맹신만큼 과학의 발전을 가로막고 인간관계를 삭막하게 하는 것도 없다. 맹신은 결국 광신이 된다.

꽃을 감상하는 즐거움을 다산 정약용 선생만큼 글로써 세밀하게 묘사한 사람도 드물 것이다. 『여유당전서』에 실린 '죽란시사첩서(竹欄詩社帖序)'에는 정약용과 친교를 맺었던 이치훈, 이유수, 한치응 등의 15명의 선비들과 죽란시사(竹欄詩社)라는 풍류계를 맺고서 살구꽃이 피면 한 번 모이고, 복사꽃이 필 때와 한여름 참외가 무르익을 때 모이고, 가을 서지(西池)에 연꽃이 만개하면 꽃구경하러 모이고, 국화꽃이 피어 있는데 첫눈이 내리면 이례적으로 모이고, 또 한 해가 저물 무렵 분에 매화가 피면 다시 한번 모이기로 하였다.

서지(西池)는 서련지(西蓮池)를 일컫는 것으로 인왕산의 화기(火氣)를 잡으려고 서대문에 만든 연못으로 지금은 없어졌지만 연꽃으로 유명했다고 한다.

꽃이 피는 소리를 듣는 것을 청개화성(聽開花聲)이라고 하는데 죽란시사로 맺은 선비들은 동이 트기 전 새벽에 모여서 배를 띄워 연꽃 틈에 가까이 다가가 숨을 죽인 채 연꽃 피는 소리를 들었다고 한다.

그런데 연꽃 피는 소리를 과연 들을 수 있을까?

연꽃은 천천히 피기 때문에 아마도 들리지는 않을 것이다. 더군다나 혼자도 아닌 여러 명이 배를 타고 가면 고요함을 유지하기 어려울 것이다. 어쩌면 연꽃향을 맡으며 마음으로 듣는 소리이고 일종의 풍류일 것이다. 청개화성은 실제 소리를 듣는 것이 아니라 시적인 표현으로 보는 게 맞다.

연잎을 흔들고 가는 바람소리, 물밑에서 움직이는 작은 생명체들의 소리일 수도 있다. 어쨌든 동틀 무렵 눈앞에서 벌어지는 연꽃의 개화모습

　　　　　　　　　　　　　　　식물을 사랑할 때

을 보지 않고서는 그 아름다움을 알 수 없을 것이다. 서련지의 연꽃이 여기저기서 피는 모습을 상상만 해도 즐겁다. 어린아이 같은 동심이 없다면 청개화성의 풍류를 누릴 수 있겠는가?

사실 내가 꽃을 좋아하게 된 것은 꽤 오래전부터다. 나는 1999년 여름 프랑스, 독일, 스위스, 이탈리아까지 40일간 혼자서 자전거 여행을 했다. 그때 나는 유럽 사람들의 가정집, 호텔 할 것 없이 발코니를 아름답게 장식한 제라늄에 매료되었다.

건축물도 예술적인 데다 아름다운 꽃까지 있으니 그야말로 금상첨화였다. 그때부터 아파트 공화국으로 불릴 만큼 삭막한 한국의 도시를 아름답게 하는 길은 꽃밖에 없다는 생각을 하게 되었다. 건물을 유럽처럼 아름답게 지으려면 돈이 너무 많이 들기 때문에 현실적으로 어렵다. 그러나 아쉬운 대로 꽃이라도 많이 심고 가꾸면 삭막한 도시풍경이 부드러워질 것이다. 아름다운 경관은 물론 노인 일자리 창출에도 큰 도움이 될 것이다. 그 후 나는 제나늄이라는 꽃에 몇 년간 빠져 있었다. 외국에서 원서를 구입해 보고 베란다에 길러 보기도 했는데 이상하게도 내가 본 유럽의 아름다운 제라늄 꽃과는 너무 달라서 실망했다. 무더운 여름이 되면 꽃이 적게 피고 빛깔도 제대로 나오지 않았다. 프랑스, 독일, 스위스는 한여름에도 밤이 되면 추위를 느낄 정도로 밤낮 일교차가 심해 제라늄이 꽃피우기에는 최적의 조건이라는 것을 알았다.

한국의 여름은 너무 습하고 무더워 제라늄이 꽃을 피우는 데는 적합하지 않은 날씨다. 다만 일교차가 심한 봄과 가을에는 꽃 색깔이 선명하고 꽃송이도 많이 달린다. 그렇다고 제라늄이 월동이 되는 꽃은 아니다.

20년 전부터 춘천에 있는 산림조합에서 매실 등 여러 가지 나무를 사다 심었는데 관리를 소홀히 해 대부분은 죽고 서부해당화 1그루만 용케도 살아남았다. 해마다 4월이 되면 아름다운 서부해당화 때문에 한 달 내내 눈이 즐겁다. 2018년 춘천으로 간 후에 본격적으로 꽃을 심었다. 메리골드를 1,700평 정도 심어 꽃밭을 만들기도 했다. 진한 향기가 있는 메리골드는 꽃차, 천연비누, 염색 등 다양한 소재로 활용할 수 있다. 메리골드는 개화기간이 길고 척박한 땅에서 잘 자라는 꽃이다.

메리골드 외에도 백합, 모란, 작약, 접시꽃, 참나리, 털중나리, 유홍초, 하늘타리, 큰꽃으아리, 은방울꽃, 둥굴레, 고삼, 붓꽃, 노란창포, 꿩의다리, 처녀치마, 투구꽃, 백선, 플록스, 기린초, 삼지구엽초, 아마란스, 나팔꽃, 패랭이, 자주달개비, 수레국, 개양귀비, 백일홍, 천일홍, 쥐방울덩굴, 채송화, 할미꽃, 위룽채, 족두리풀, 장미, 해당화, 알프스오토메, 꽃사과, 이스라지, 공조팝, 라일락, 능소화 등을 심어서 키우고 있다.

이 중 모란, 라일락, 서부해당화, 장미를 좋아하는데 이외에도 고삼 꽃을 특별히 좋아한다. 고삼 꽃은 일반인들은 잘 모르는 야생화이자 약용식물인데 꽃이 필 때 물을 충분히 주면 마치 하얀 아기버선을 빨랫줄에 가지런히 늘어놓은 것 같이 아름답다.

고삼 꽃이 피면 어리호박벌이 정신없이 분주해진다. 나는 봄이 되면 언제나 하얀 고삼 꽃과 까만 어리호박벌이 기다려진다. 고삼은 인삼, 단삼, 사삼(잔대), 현삼과 함께 5삼 중 하나다.

이 세상에 꽃만큼 사람의 기분을 좋게 하는 게 있을까?

미국의 식물학자 루터 버뱅크(Luther Burbank)의 꽃에 대한 찬사는 이렇다. "꽃들은 언제나 우리를 좀 더 건강하고, 행복하고, 유익하게 만들어 준다. 꽃들은 햇살이고, 우리 영혼의 음식이자 치료제이다."

식물을 사랑할 때

향기정원

"후각보다 무의식의 문을 더 효과적으로 여는 장치는 없다."는 말이 있다. 향기가 뇌에 미치는 영향에 대해서는 오래전부터 연구가 되어 왔다. 과거 기억에 대한 회상을 불러일으키거나 진정과 이완, 각성과 집중 같은 심리적·생리적 변화에도 영향이 크다고 한다.

나는 식물을 관찰할 때 눈으로만 보지 않는다. 습관적으로 다가가서 먼저 잎사귀를 비벼 냄새를 맡아 본 다음 꽃에 코를 대고 향기를 맡아 본다.

향기 없는 꽃도 좋지만 수수하더라도 이왕이면 향기가 있는 꽃이 더 좋다. 꽃은 중독성이 없지만 향기는 중독성이 있다. 꽃이 아무리 아름다워도 향기가 없으면 매력이 떨어진다. 반면 향기가 있는 꽃은 벌과 나비를 끄는 것처럼 사람을 끌어당기는 강력한 힘이 있다.

다양한 꽃향기의 화학성분은 기분을 자극하고 긴장과 이완에 영향을 미친다. 오래전부터 진정효과가 있다고 알려진 라벤더는 최근에 세로토닌 수치를 높인다는 사실이 밝혀졌다. 반대로 자극성 있는 로즈마리 향은 도파민과 아세틸콜린 수치를 높인다. 감귤류 꽃 냄새를 맡으면 세로토닌과 도파민의 효과가 결합되어 기분이 좋아진다.

커피와 와인의 향기를 음미하는 것도 인간을 즐겁게 해 준다. 그래서 향수산업이 발달한지도 모른다.

매화는 오래전에 매실을 얻기 위해 텃밭에 몇 그루 심었는데 물 빠짐이 좋지 않아 다 죽었다. 다행히 바로 뒷집에 향기 좋은 청매화가 있어 굳이 텃밭에 심을 필요까진 없었다. 언젠가는 창가에 청매화, 백매화 두 그루 정도는 심어 차 한 잔 하면서 꽃향기를 감상하는 호사를 누려 보고 싶다.

라일락은 5년 전에 심었는데 잎과 가지는 무성한데 꽃이 시원찮다. 아내가 라일락꽃이 필 때마다 우리 라일락만 꽃이 시원찮다며 타박을 하길래 키는 작지만 꽃이 많이 피고 향기가 좋은 미스킴 라일락과 흰색과 보라색 꽃이 피는 어린 라일락 묘목을 구해다 심었다. 올해는 꽃이 많이 피는 라일락을 삽목을 해 볼 생각인데 잘될지 모르겠다.

지금도 라일락 향기를 맡으면 〈베사메 무쵸〉라는 노래가 생각나는데 베사메 무쵸를 영어로 번역하면 "Kiss me much"다.

대학을 다닐 때 스페인어과 학생 두 명이 노래방에서 스페인어로 부르던 베사메 무쵸는 정말 환상적이었다. 그때는 정말 낭만이 있었다.

나는 요즘도 라일락꽃이 필 때면 그때를 회상하면서 유튜브를 검색해 이탈리아 출신 맹인 가수 안드레아 보첼리의 〈베사메 무쵸〉를 듣는다.

꽃이 노래가 되어 불리면 강력한 힘이 생긴다는 것을 새삼 느낀다.

백모란은 심은 지 벌써 5년이 넘었는데 꽃도 은은하게 아름답지만 향기가 일품이다. 몰려든 꿀벌 때문에 코를 가까이 대고 맡을 수는 없지만 향기가 강해 근방에만 가도 향기를 느낄 수 있다.

모란꽃에 꿀벌이 얼마나 많은지 '벌을 보려면 모란을 심어'고 할 정도다. 부귀영화를 상징하는 모란은 아침에 꽃을 활짝 피웠다가 저녁에 꽃잎을 예쁘게 접기를 반복하는 아름답고 향기로운 꽃이다.

백합은 종류대로 구근을 구입해 심었다. 그중 '액조틱선'이라는 백합품종의 꽃이 가장 멋지다. 5년 전 종로 5가에 있는 종묘상에서 사다 심었는데 시중에서 구하기가 어려웠다. 비슷한 품종을 추가로 구입해 심었는데 처음 심은 꽃만 못했다. 그래서 알뿌리로 번식을 시도하고 있다. 일반 백합에 비해 꽃대가 크고 실하다. 꽃송이도 월등히 큰데 냉면 그릇 크기의 겹꽃송이가 달린다. 백합은 꽃이 핀 모습도 화려하고 아름답지만 싹이 땅에서 올라와 싱싱한 줄기와 잎이 생기고 꽃봉오리가 맺히는 모습도 아름답다. 백합꽃향기는 온 마당을 가득 채우고 남을 정도다. 다만 모란꽃 향은 질리지 않는 데 반해 백합은 향기가 너무 강해 계속해서 맡으면 부담스럽다.

자스민, 치자나무, 금목서, 은목서, 천리향의 꽃향기는 너무 감미롭다. 이들 꽃나무들은 남부수종이서 춘천에서는 노지월동이 되지 않는다.

키가 작은 치자나무를 화분에 심어 겨울에 거실에 들여놓더라도 키워볼 생각이다. 치자나무 학명은 Gardenia Jasminoides Ellis이고 전 세계 250여 종이 있다.

치자나무는 추위에 약한 나무여서 제주도와 남부지방에 많다. 중부지방 위쪽에서 키우려면 화분에 심어 겨울에는 온실이나 실내에 들여놔야 된다.

밀양에 있는 나의 고향 집에도 치자나무 한 그루를 심었는데 열매가 달릴 정도로 몇 해 동안 잘 자라다가 추운 겨울에 그만 동사하고 말았다. 배롱나무 같았으면 가지는 동사해도 뿌리라도 살아 있었을 텐데 치자나무는 뿌리까지 동사했다.

치자꽃 향기가 좋다는 말은 오랜전부터 들었지만 치자꽃 향기를 직접 맡아 본 것은 최근의 일이다.

전북 익산에 있는 한 음식점 주인이 치자나무 화분을 여름에는 식당 앞에 두고 키우는데 나는 그 식당 주인 덕분에 여름에 피는 치자꽃 향기를 맡아볼 수 있었다.

순백의 꽃도 아름답지만 향기는 더 환상적이었다. 게다가 무궁화처럼 피고 지기를 반복해 개화기간이 길다. 나는 매일 아침 걸어서 출근을 했기 때문에 출근길마다 식당 앞을 지나가면서 치자꽃 향기를 원 없이 맡아보았다.

치자꽃 향기의 달콤함은 말로 표현하기 어렵다.

만인의 연인 치자꽃은 문학인과 예술인들이 좋아했고 시와 노래로 치자꽃의 아름다움을 표현했다.

안평대군도 조선 초기의 문신 강희안도 치자꽃을 사랑했다. 강희안이 쓴 우리나라 최초의 원에서 『양화소록』에 치자나무의 네 가지 아름다움을 소개한 내용이 있다.

꽃 색깔이 하얗게 윤택한 것이 첫째요.
꽃향기가 맑고 부드러운 것이 둘째요,
겨울에도 잎이 시들지 않는 것이 셋째요,
열매로 노란색을 물들이는 것이 넷째다.
치자는 꽃 중에서 가장 귀한 것이다.

다산 정약용 선생의 의원기(意園記: 현실 세계가 아닌 가상의 세계에 조성한 상상의 정원을 다룬 글)이라 할 수 있는 〈제황상유인첩(題黃裳幽

人帖)〉과 다산의 꽃이야기를 시로 지은 〈다산화사 20수(茶山花史二十首〉에도 치자나무에 대한 언급이 있다. 특히 다산화사에 20수 가운데 11수에 나오는 치자나무에 관한 '한국인문고전연구소'의 번역을 소개하면 다음과 같다.

厄子人間誠絶殊(치자인간성절수)

치자는 인간세계에서 정말 특별하다는

少陵詩句未應誣(소릉시구미응무)

두소릉(두보)의 시구가 결코 거짓이 아니라네.

晚來微雨攜長鑱(만래미우휴장참)

느지막이 가랑비 내릴 때 긴 가래 들고 가서

一樹分栽得數株(일수분재득수주)

한 그루 나무를 나누어서 서너 그루를 얻었네.

다산이 치자나무를 번식한 것은 아마도 치자꽃과 향기를 감상하기 위한 것일 것이다.

독일의 의사이자 심리학자인 유명한 지그문트 프로이트(Sigmund Freud)도 치자꽃 향기를 유별나게 사랑했다고 한다.

시인은 시로 치자꽃을 읊었고 가수는 노래로 치자꽃을 불렀다. 향수업자는 치자 꽃향기를 모방한 향수를 만들었다.

시인 청마 유치환은 〈치자꽃〉이란 시에서 동료교사로 시인이자 연인이었던 정운 이영도를 치자꽃에 비유해 애틋한 사랑을 읊었다. 사실 청마는 이미 결혼해 부인이 있었고 정운은 남편이 폐결핵으로 죽은 미망인이었다. 그럼에도 청마가 정운을 얼마나 그리워했는지 생전에 보낸 편지가 무려 5,000통이나 된다고 한다. 편지를 하루에 한 통씩 보내도 14년 정도 걸리고 이틀에 한 통씩 보냈다면 28년 정도 걸린다.

이쯤 되면 소설이나 영화에 나올 법안 동서고금에 보기 드문 세기의 편지 사랑이 아닐까? 내가 만약 소설가라면 〈치자꽃 사랑〉 제목으로 두 사람의 사랑을 소설로 한번 써보고 싶다.

노래로는 가수 문주란의 〈치자꽃 사랑〉이 있고, 대만의 국민가수 등려군의 일본 노래 〈치자나무 꽃〉을 중국어로 리메이크한 〈소요자재〉가 있다.

향수로는 샤넬의 '가드니아', 산타 마리아 노벨라의 '로사 가데니아', 반 클리프 앤 아펠의 '가데니아', 구딸의 '엉 마뗑 도하주'가 있다.

만약 치자꽃에 향기가 없다면 시와 노래의 주제가 되지 못했을 것이다. 치자꽃의 유일한 흠이라면 지는 모습이 깔끔하지는 못하다. 흰장미도 그렇고 하얀 목련도 질 때는 치자꽃과 비슷하다. 신은 한 사람에게 모든 것을 다 주지는 않는다는 말이 있듯이 꽃의 세계에도 비슷한 면이 있다.

온실을 만들어 치자꽃 향기를 마음껏 즐길 수 있으면 좋겠다.

많은 꽃 중에 매혹적인 향기를 가진 꽃을 꽃피는 시기별로 보면 다음과 같다.

봄에는 매화, 천리향, 미선나무, 은방울꽃, 개다래, 쥐똥나무, 아까시나무, 멀구슬나무, 굴나무, 라일락, 미스김라일락, 귀룽나무, 모란, 해당화, 찔레나무, 고광나무가 있다. 이 중 천리향, 멀구슬나무, 굴나무는 남부수종이다.

여름에는 백화등(마삭줄), 밤나무, 치자나무, 자스민, 참마, 인동, 작약, 백합이 있다. 치자나무, 자스민은 남부수종이서 중부 이북지역에서는 실

식물을 사랑할 때

내에서만 월동이 가능하다.

　가을에 꽃이 피는 금목서, 은목서, 옥잠화, 산국, 국화, 메리골드, 박주가리, 누리장나무 중에 금목서, 은목서는 남부수종이다.

　온실에서 재배 가능한 커피나무 꽃향기도 좋다고 하는데 직접 맡아 본 적이 없다. 겨울을 제외하고는 연중 감상할 수 있는 장미는 품종마다 향의 깊이가 다르고 향이 없는 장미도 있다.

단풍정원

나는 산골 출신이기 때문에 어릴 때부터 단풍을 보면서 자랐다.

이후 군대 생활을 하면서 해발 1000미터가 넘는 대구 팔공산 꼭대기에서 근무한 적이 있는데 초여름부터 겨울이 지날 때까지 산의 아름다움을 원 없이 감상할 수 있었다.

여름의 운해와 저녁노을, 가을의 단풍, 겨울의 서리꽃과 설화는 산이 표현하는 아름다움의 극치였다. 설악산 단풍과 내장산 단풍이 유명하지만 팔공산 단풍도 아름답다.

이후 나는 원주시 문막 반계리에 있는 은행나무의 장엄한 단풍을 보면서 단풍이 만들 수 있는 아름다움이 얼마나 큰지 알게 되었다.

남이섬은 단풍이 아름답기로 유명하다. 드론으로 촬영한 사진을 보면 단풍의 특성을 살려 나무를 식재했음을 알 수 있다. 멀리서 보면 환상적인 아름다움이 연출될 수 있도록 나무를 배치한 것이다. 이왕이면 농촌마을 조경을 할 때도 단풍의 특성을 잘 살리면 좋겠다.

조경을 하려면 나무마다 단풍의 특징을 어느 정도 알아야 아름다운 단풍 숲을 만들 수 있다. 붉은 단풍으로는 단풍나무, 중국단풍나무, 설탕단풍나무, 대왕참나무, 복자기, 신나무, 붉나무, 검양옻나무, 벚나무, 신갈나무, 갈참나무, 화살나무, 매자나무 등이 있다.

노란단풍 또는 주황색 단풍으로는 은행나무, 비목나무, 생강나무, 계수나무, 개옻나무, 굴참나무, 상수리나무, 팥배나무, 백당나무, 뽕나무, 모감주나무, 감태나무, 느티나무, 튤립나무, 낙우송, 메타세쿼이아 등이 있다.

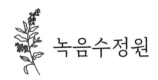

녹음수정원

요즘은 기후변화 때문에 여름나기가 무섭다. 에어컨 없이는 살 수 없을 정도다. 열섬현상이 자주 나타나는 도시뿐만 아니라 농촌도 마찬가지다. 농촌은 당산나무, 정자나무를 제외하곤 마을 주변에 큰 나무가 없다. 요즘같이 무더운 여름이 지속되면 카페에 가서 시간을 때우는 방법밖에 없다. 내가 귀농 후 절감한 것은 집 마당에 큰 녹음수부터 심어야 한다는 것이다.

보통은 유실수와 화초만 심는데 여름을 몇 번 지내보면 지붕의 온도를 식혀 주고 한낮에 쉼터가 되는 녹음수가 얼마나 중요한지 알게 된다. 나무는 자라는 시간이 많이 걸리기 때문에 하루라도 빨리 심는 게 좋다.

어떤 녹음수를 심을까 고민하던 중 녹음수 수종별로 열저감 효과가 다르지 않을까 하는 의문이 생겼다. 비슷한 키의 나무라면 플라타나스, 튤립나무, 느티나무, 은행나무, 낙우송 중에서 어떤 나무의 그늘이 가장 시원할까? 또 잎이 바늘처럼 생긴 낙우송이 잎이 넓은 플라타나스나 오동나무보다 시원할까? 등이다.

여름철 도심 도로변 건널목에 가다 보면 그늘막 파라솔을 자주 보게 된다. 횡단보도에서 신호를 기다리는 보행자들이 직사광선과 무더위를 피할 수 있도록 많은 지방자치단체에서 많은 예산을 들여 설치한 것이다.

그늘막 파라솔 대신에 녹음수가 있다면 어떤 효과가 있을까? 첫째, 미관상 보기가 좋을 것이다. 둘째, 자동차가 내뿜는 이산화탄소 흡수 효과도 클 것이다. 셋째, 열저감 효과가 클 것이다. 그렇다면 열저감 효과는 얼마나 클까?

내가 근무하고 있는 한국농업기술진흥원의 체육관 앞에 있는 크다란 낙우송 그늘이 유난히 시원해 2024년 6월 11일 아날로그 유리온도계로 주변 온도와 비교해 측정해 봤더니 낙우송 그늘 아래는 29℃로 나왔고 그늘이 없는 곳은 32℃로 나와 정확히 3℃ 차이가 났다. 그러나 체감온도는 훨씬 차이가 나는 것 같았다.

3℃ 차이가 별것 아닌 것 같지만 낙우송 그늘은 시원한 느낌이 들지만 그늘이 없는 햇볕에서는 서 있기가 힘들 정도였다.

2022년 8월 발표한 서울기술연구원의 열저감-열화상센서 분석결과에 따르면 가로수 그늘은 주변보다 15.4℃, 그늘막 그늘은 주변보다 8.4℃ 낮았다. 가로수가 그늘막보다 표면온도 7℃ 더 낮아 열저감에 25% 더 효과적인 것으로 분석됐다.

우리나라에서 녹음수로 많이 쓰이는 나무는 느티나무, 팽나무, 은행나무, 회화나무, 튤립나무, 마로니에, 플라타너스, 층층나무, 왕벚나무, 중국단풍, 대왕참나무, 상수리나무, 떡갈나무, 신갈나무, 갈참나무, 굴참나무, 메타세쿼이아, 낙우송, 단풍나무, 팥배나무 정도다.

북미에서는 녹음수의 가치뿐만 아니라 동물, 곤충 등과의 먹이사슬의 생태학적인 측면을 많이 고려하여 10여 종의 참나무와 튤립나무, 층층나무의 인기가 높다.

우리나라 도심 가로수로는 은행나무가 많다. 플라타너스도 많았는데 가지를 싹둑 잘라버려 녹음수로서의 기능을 제대로 발휘하지 못한다. 최근에는 튤립나무를 심는 곳이 늘고 있다. 대구 범어동, 경기 고양 삼송 신도시에서 많이 볼 수 있다. 튤립나무는 벌이 좋아하는 밀원수로 수형도 아름답다. 가을 단풍도 아름다워 조경 가치가 높다.

여의도 국회 경내에는 금강송, 반송, 낙우송, 느티나무, 상수리나무, 편백나무, 밤나무, 스트로브잣나무, 모과나무 등 각종 나무가 식재되어 있다. 소나무는 매년 관리를 해야 하기 때문에 비용이 많이 들고 그늘목으로 적합하지 않다. 가정의 정원수로도 인기가 예전만 못하다.

익산에는 개교 100년이 지난 이리농림학교가 있는데 조경도 아름답고 녹음수가 어떤 것인지 진수를 보여 주고 있다. 1922년 5년제 공립이리농림학교로 설립되었으니 역사가 오래된 학교다. 개교 당시 농과와 임과가 있었는데 전국의 수재들이 모여든 학교였고 한국인과 일본인 학생을 반반씩 모집하였다고 한다. 지금은 전북대학교 특성화대학교가 되었다.

학교 설립 당시부터 임과가 있었으니 일본인 교사 중에 조경전문가가 있었거나 최초 설계 당시 조경전문가의 도움을 받았을 것으로 보인다. 구 이리농림학교 정문(지금은 후문) 쪽에서 들어가면 오래된 나무들이 손님을 맞이하듯 서 있다. 이곳은 정문 출입구에서 두 갈래의 완만한 곡선을 따라 한참을 걸어가야 학교 건물이 나오도록 설계되어 있다.

자연스러운 숲의 느낌을 살리기 위해 다양한 수종을 섞어 심었다. 일반적으로 우리나라 공공조경을 보면 같은 수종을 무리를 지어 심거나 일렬로 심는 경우가 많은데, 이곳은 단조로운 조경을 피하고 다양한 나무가 자연스럽게 어울려 있는 것처럼 조경을 했다.

최초의 조경설계자가 누구인지 모르지만 조경가가 만든 숲의 아름다움이 어떤 것인지를 상징적으로 보여 주고 있다.

이리농림학교 숲에는 3그루의 큰 느티나무가 띄엄띄엄 서 있는데 100년이 된 나무라 뱀이 허물을 벗듯이 바깥수피가 떨어져 나가고 속에 있던 수피가 드러나 마치 용이 꿈틀거리는 듯하다. 나무밑동에서 뻗어나간 뿌리도 땅 위를 기어가는 거대한 구렁이처럼 반쯤 드러나 있어 신비감을 자아낸다. 칠엽수와 백합나무도 나무밑동의 크기가 어마어마하다.

3그루의 느티나무를 중심으로 히말라야시다, 칠엽수, 튤립나무, 양버즘나무, 느릅나무, 소나무, 금송, 해송, 다박솔, 피칸나무, 백목련, 물푸레나무, 메타세쿼이아, 미국단풍나무, 삼나무, 고로쇠나무, 솔송나무, 개서어나무, 굴참나무, 갈참나무, 편백, 화백, 실화백, 단풍나무, 대왕참나무 등이 조화를 이루고 있다.

아쉬운 점이 있다면 100년 된 울창한 나무숲 아래 벤치 정도만 설치했으면 좋은데 개교기념비 같은 인공석조물을 너무 많이 설치해 자연스러움이 반감되었다는 점이다.

조경은 살아 있는 예술작품이다. 인공구조물을 많이 설치하는 것은 조경가의 의도를 훼손할 수 있으므로 가급적이면 원형 그대로 보존하는 게 좋다.

이리농림학교의 조경을 누가 했는지 궁금했으나 알아볼 방법이 없었다.

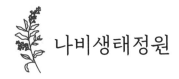

나비생태정원

나비는 프랑스어로 '빠삐용(Papillon)'이다. 어디서 많이 들어본 이름이다. 그렇다. 〈빠삐용〉이란 영화다. 살인죄의 억울한 누명으로 종신형을 복역 중이던 앙리 샤리에르가 30년에 걸쳐 9번의 탈옥시도 끝에 마침내 성공한 자전적 소설을 영화한 것이다. 영화 주인공 앙리 샤리에르 가슴에 나비문신이 새겨져 있는데 이는 '자유를 갈망하는 인간의 의지'를 상징하는 것이다.

나비와 관련된 가수 윤도현의 〈나는 나비〉라는 노래가 있다.

나비는 전 세계에 걸쳐 분포하는데 약 15,000~20,000종이 있다고 한다.

내가 나비와 나방을 좋아하는 것은 노래나 문학적인 것 때문이 아니다. 꽃을 좋아하다 보면 자연스럽게 나비와 나방에 빠져들 수밖에 없다. 나비와 나방의 종류, 컬러, 변신과정, 날갯짓을 유심히 보면 매혹되지 않을 수 없다.

나비에 미쳐 유명해진 사람이 많다. 우리나라에는 해방 전후 짧은 생을 살았지만『조선산 나비 총목록』등 저서를 남긴 석주명 신생이 있고, 화가로는 〈초충도〉를 남긴 신사임당이 있다. 독일에는 더 미친 사람이 있었다. 300여 년 전에 여성으로 밀림지대인 남미 수리남까지 가서 식물과 곤충그림을 그리면서 곤충연구에 몰두해『수리남 곤충의 변태』라는 책을 남긴 마리아 지빌라 메리안(1647~1717)이 있다. 두 여성 모두 자국의 화폐에 초상화가 실리는 영광을 누렸다. 현존 인물로는 미국의 '사라 다이크먼'이라는 여성이 있다. 그녀는 캐나다-미국-멕시코 사이 약 4000킬로미터를 따뜻한 곳에서 겨울을 나기 위해 철새처럼 여행하는 제왕나비, 일명 모나코 왕나비(Monarch butterfly)를 관찰하기 위해 260여 일 동안 자전거로 무려 1만 6000여 킬로미터를 여행했던 특이한 사람이다.

나는 나비와 관련해서는 관찰 경력이 짧은 그저 애호가 수준이다. 내가 관찰한 바로는 나비는 아름다운데 나방은 좀 무섭게 생겼다. 그러나 예외 없는 법칙이 없듯이 박각시나방이나 옥색긴꼬리산누에나방은 아름답기 그지없다. 애벌레도 아주 귀엽게 생긴 놈이 있는 반면, 뱀처럼 생긴 놈도 있고 풀쐐기 같은 아주 징글징글한 놈도 있다. 옛날에 참깨 밭에서 흔히 볼 수 있었던 깨벌레(깻망아지)는 요즘은 보기 어렵다.

정원에 나비 애벌레의 먹이가 되는 기주식물을 심으면 아름다운 나비가 찾아오는 나비생태정원을 만들 수 있다. 나비는 산란과 부화, 용화와 우화 과정을 거치며 변신에 변신을 거듭하는 신비한 곤충이다.

사향제비나비, 호랑나비, 꼬리명주나비, 산제비나비 등은 봄부터 늦가을까지 수차례 산란을 하기 때문에 애벌레의 변신과정을 반복적으로 볼 수 있다.

나는 나비의 변신에 흥미를 느낀 나머지 나비생태정원을 만들기로 결심했다. 텃밭에 산초나무(호랑나비, 가중나무고치나방), 황벽나무(산제비나비), 쉬나무(호랑나비), 느릅나무(은판나비), 쥐방울덩굴(사향제비나비, 꼬리명주나비), 인동덩굴(제일줄나비), 기린초(붉은점모시나비), 구릿대(산호랑나비), 백선(산호랑나비), 족두리풀(애호랑나비), 밀나물(청띠신선나비)을 심었다.

꼭두서니(검은꼬리박각시)는 자생식물이라 따로 심을 필요가 없었다.

이 중 가장 많이 심은 식물은 쥐방울덩굴, 산초나무, 황벽나무다. 쥐방울덩굴은 타고 올라갈 지지대가 필요하기 때문에 별도의 지지대를 세울 필요가 없도록 울타리 주변과 꾸지뽕나무, 황벽나무, 서부해당화, 소나무 아래 모종을 심기도 하고 씨앗을 뿌리기도 했다.

산초나무는 마당에 심었고 물을 좋아하는 황벽나무는 텃밭에, 물을 싫어하는 쉬나무는 텃밭 경사지에, 인동덩굴은 울타리 옆에, 음지를 좋아하는 백선과 족두리풀은 햇빛이 잘 들지 않는 사과나무 그늘 아래 심었다.

기주식물 외에도 나비가 좋아하는 고추나무, 끈끈이대나물, 플록스, 백일홍, 참나리, 산국, 벌개미취 등을 심었다.

나비생태 정원을 만들면 다양한 나비와 나방, 여러 종류의 기생벌(맵시벌, 나나니벌, 고치벌 등), 꿀벌, 꽃등에가 덤으로 찾아온다.

봄에 호미로 밭을 매다가 서부해당화나무 아래서 투탕카멘처럼 생긴 애벌레의 번데기를 발견한 적이 있다. 달맞이꽃과 봉선화 줄기를 갉아먹는 주홍박각시나방 애벌레였다. 주홍박각시나방은 밤이 되면 야생동물처럼 눈에서 불빛이 나오는데 달맞이꽃이 많이 피는 곳에서 발견된다.

산초나무에서는 가장 흔히 볼 수 있는 호랑나비 애벌레 외에도 아주 드물게 가중나무고치나방 애벌레를 볼 수 있다.

가중나무고치나방은 박쥐처럼 생김새가 독특하다. 나는 추석 때 우연히 산초나무를 관찰하다 가중나무고치나방 애벌레 한 마리와 그 몸속에서 뚫고 나와 징그럽게 꿈틀대는 수십 마리의 애벌레들은 본 적이 있는

데, 나중에 알고 보니 고치벌의 애벌레였다. 고치벌은 가중나무고치나방 애벌레 몸속에 알을 산란해 숙주로 삼는다. 가중나무고치나방 애벌레의 몸속에서 체액을 먹고 자란 고치나방 애벌레는 번데기가 되기 위해 숙주의 몸통을 뚫고 나온 것이다.

더욱 놀랍고 신기한 것은 자신의 온 몸에 구멍이 나고 만신창이가 된 가중나무고치나방 애벌레가 죽지 않고 꿈틀대며 살아 있다는 것이다.

황벽나무 잎에서 볼 수 있는 산제비나비 애벌레는 내가 가장 좋아하는 애벌레다. 나는 황벽나무를 돌아다니며 몇 시간씩 산제비나비 애벌레를 관찰하기도 한다. 최근 미국에서 발견된 귀여운 아기뱀을 닮은 '스파이스부시 호랑나비 애벌레'처럼 깜찍한 데다 색감도 오묘하다.

5령쯤 되는 산제비나비 애벌레의 모습을 자세히 관찰해 보면 황금빛 녹색의 심연에 빠져들게 된다. 그토록 아름다운 녹색을 없을 정도다. 머리에는 황금띠를 두르고 가짜 눈을 가지고 있으며 몸통은 황금 가루를 뿌리는 듯하다. 이마에는 도깨비 문양 같은 알 수 없는 문양이 있고 푸른 점이 여러 개 박혀 있다. 사람이 서서 측면에서 보면 귀엽지만 새처럼 하늘에서 애벌레 머리를 정면으로 보면 섬뜩한 느낌이 든다. 산제비나비 애벌레 이마의 문양을 잘 연구해 보면 새떼를 쫓는 데 유용한 디자인을 얻을 수 있겠다는 생각이 들었다.

쥐방울덩굴에서 발견되는 사향제비나비 애벌레와 꼬리명주나비 애벌레를 관찰하는 재미도 쏠쏠하다. 사향제비나비 애벌레는 귀엽게 생긴 놈인데 돼지처럼 먹성이 좋다. 4~5령쯤 되면 식탐이 늘어 쥐방울 덩굴 밑동을 통째로 갉아먹어 버려 줄기가 잘린 쥐방울덩굴은 전체가 시들어 버린다. 근방에서 신선한 먹거리를 찾아야 하는데 만약 찾지 못하면 굶어 죽을 수도 있다. 꼬리명주나비 애벌레는 겉보기에는 징그러운데 만져 보면 그렇게 보드라울 수가 없다. 사향제비나비와 호랑나비는 냄새뿔인 취각을 가지고 있어 만지면 취각이 올라와 고약한 냄새 물질을 방출한다.

멸종위기 나비인 붉은점모시나비를 위해 기주식물인 기린초를 심었는데 아직 한 번도 보지 못했다. 나는 고도(Godot)를 기다리듯 붉은점모시나비가 나타나기를 기다리고 있다. 호랑나비의 춤추는 듯한 비행 모습을 보면 얼마나 자유자재로 움직이는 지 신기하다. 나는 호랑나비를 '댄싱퀸'이라 부른다. 박각시나방이 긴주둥이로 꿀을 빼는 동작을 보면 마치 공중급유기 같다. 전진, 정지, 후진을 자유자재로 하는 헬리콥터 같기도 하다.

단조롭고 밋밋한 정원보다는 이왕이면 다양한 생태계가 살아 숨 쉬는 생태정원을 만들면 자연에 대한 호기심을 키울 수 있어 좋다.

최근 아주대 연구팀은 번데기에서 껍질을 깨고 나와 나비가 되는 과정, 즉 나비의 우화과정에서 움츠렸던 날개를 서서히 펴서 말린 후 날게 되는데 여기서 아이디어를 착안해 일시적으로 변형돼도 원래 상태로 돌아가는 '형상기억폴리머' 소재를 개발했다고 한다. 앞으로도 곤충이나 식물에서 아이디어를 착안한 신기술들이 끊임없이 나올 것이다. 아이들에게 어릴 때부터 자연 속에서 관찰하는 습관을 길러주면 나중에 성인이 되어 남들이 보지 못하는 것을 볼 줄 아는 사람이 될지도 모른다.

약초원

어릴 때부터 아버지가 만든 약초밭을 보고 자란 영향 때문인지 귀농 후 텃밭을 활용해 나만의 작은 약초정원을 만들고 있다.

내가 만들고 있는 작은 약초원은 약초가 자라는 모습을 보고 부모님과 함께 했던 옛 추억을 회상하는 회상의 공간이다. 약초에게 끊임없이 질문을 던져 보고 동서양의 약초원과 세계적인 제약회사와 바이오산업이 어떤 연결고리가 있는 것인지, 앞으로 인공지능과 결합된 미래의 바이오산업은 어떻게 발전해 갈 것인지 상상해 보는 상상의 공간이기도 하다.

상상의 나래를 펴기 위해서는 약초원이 커야만 하는 것은 아니다. 부족한 것은 독서와 사색으로 매우면 된다.

덴마크의 동화작가 한스 크리스티안 안데르센이나 영국의 동화작가 앤서니 브라운처럼 뭐든지 엉뚱한 상상을 하는 것은 즐거운 일이며 결코 시간낭비가 아니다. 상상력은 창조와 혁신의 원동력으로 최고의 경쟁력이다.

성리학과 동의보감만 사골 우리듯 우려먹었던 조선시대 우리의 선조들처럼 생각을 우물 안에 가두어서는 안 된다.

나비 애벌레가 번데기가 되는 용화과정과 번데기가 나비가 되는 우화

과정을 거쳐 변신하듯이 고정관념과 케케묵은 생각의 틀을 깨고 새로운 세상으로 자유롭게 날아가야 한다.

오늘날 세계 굴지의 제약회사가 있는 나라의 약초원 또는 식물원이 언제 만들어졌는지 살펴보면 세계적인 제약회사가 하루아침에 탄생한 것이 아니라는 것을 알게 된다.

로마가 하루아침에 이루어지지 않았듯이 제약산업도 하루아침에 이루어신 게 아니나.

제약산업의 기원을 찾아보면 약초원의 역사로 거슬러 올라가게 된다.

비만치료제 삭센다와 당뇨치료제를 개발한 세계적인 제약회사 노보 노디스크(Novo Nordisk)가 덴마크 기업이고, 우리가 잘 아는 '후시딘'의 최초 개발사로 피부질환 분야 세계 1위 기업인 레오파마(LEO Pharma)도 1908년 설립된 덴마크 제약사다.

덴마크가 세계 최고 수준의 제약강국이 된 배경에는 국가적 관심 등 여러 가지 이유가 있겠지만 약용식물에 대한 관심이 오래된 나라라는 점도 빼놓을 수 없을 것이다.

덴마크 국왕 크리스티안 4세의 허가를 받아 1600년에 조성된 약초원은 코펜하겐대학교 식물원의 모태가 되었다. 종교개혁 이후 약용식물을 기르던 수녀원들의 정원이 방치되자 이 식물들을 보호하기 위해 식물원이 조성된 것이다.

스위스는 로슈(Roche), 노바티스(Norvatis), 론자(Lonza) 등 세계적인 제약회사를 보유하고 있는 나라로 식물원의 역사도 오래되었다.

스위스 바젤대학교 식물원은 1589년 카스파 바우힌(Caspar Bauhin)이 설립한 곳이다. 설립자 바우힌은 의사, 해부학자, 식물학자로 "식물의 아버지"로 알려져 있다. 바젤대학교 식물원은 바젤의 약사와 의사가 약을 만들고 연구하는 단독 정원과 연결되어 식물원이 제약연구에 중요한 역할을 했다.

독일은 바이엘(Bayer), 머크(Merck)와 같은 제약회사를 배출한 나라다. 미국의 제약회사 화이자(Pfize)도 1849년 독일에서 미국으로 이주한 사촌 형제인 찰스 파이저(Charles Pfizer)와 찰스 에르하르트(Charles Erhart)가 뉴욕에 설립한 화학약품 회사가 모태가 된 것이다.

독일은 1679년 베를린 교외에 홉과 과일이 있는 농예정원에서 시작된 베를린 달렘 식물원은 주제별로 구성되어 있다. 약초원 외에도 식물 박물관, 습지와 수변 식물정원, 이끼정원, 향기와 촉각을 느낄 수 있는 정원, 온실, 이탈리아식 정원이 있다.

세계적인 제약회사인 아스트라제네카(AstraZeneca plc)는 스웨덴과 영국의 합작회사인데 두 나라도 약용식물에 대한 연구 역사가 오래되었다. 스웨덴은 '린네 정원(식물원)'이 있는데 스웨덴의 의학자 루드벡(Olaus Rudbeck)이 1655년에 같은 장소에서 약용식물을 재배한 것으로 시작되었다.

글락소 스미스 클라인(Glaxo Smith Kline) 또한 영국의 제약회사로 영국에는 1621년 약용식물 재배목적으로 설립된 '옥스퍼드대학교 식물원'과 1673년에 설립된 약용식물원인 '첼시피직가든'이 있고, 1759년에 설립된 왕립식물원인 '큐가든'이 있다.

일본 또한 주가이제약(中外製藥株式會社), 다이이찌산쿄(第一三共株式會社), 다케다제약(武田藥品工業) 등 글로벌 제약사들이 있는 제약강국이다.

230년 역사를 가진 다케다제약도 오래되었지만 일본에는 300여 년의 역사를 가진 에도시대 약초원인 '모리노쿠야쿠엔'이 있다. 도쿠가와 요시무네가 추진한 약용작물의 국산화 정책에 공헌한 모리노가 1729년에 개설한 현존하는 최고의 사립약초원이다. 지금도 약 250종의 약초를 키우고 있으며 에도시대의 약초원 모습 그대로 보존되어 있다.

식물연구 강국인 일본은 300년의 역사를 가진 '코이시카와 식물원'뿐만 아니라 후쿠오카에는 성경에 등장하는 식물들만 모아 놓은 '성경식물원'도 있을 정도니 일본의 식물 사랑은 유별나다.

우리나라는 최근 경남 산청, 경북 영천, 충북 제천 등지에서 약용식물원을 조성했지만 그래도 서울대학교 약초원이 대표적이다. 서울대 약초원은 1954년 개원하여 고양, 시흥, 파주, 제주 4개 지역 약 85,000여 평에 1,300여 종의 약용식물을 보유하고 있는 국내 최고 수준의 약초원이다.

그렇다면 식물이 의약품과 얼마나 밀접한 관계가 있을까?

양귀비 대신 미생물로 진통제를 만든 합성생물학 분야의 세계적인 석학인 미국 스탠퍼드대 크리스티나 스몰케(Christina Smolke) 교수는 세계 인구 3분의 2가 식물유래 의약품에 의존하고 있으며 전체 의약품의 75%를 차지하는 저분자의약품 중 40%가 식물유래 물질이라고 한다. 그러니 식물에 대한 기초연구가 제약산업에 얼마나 중요한 역할을 하는지 이해할 수 있을 것이다. 합성신약 분야도 여전히 식물에 대한 기초연구가 중요한 역할을 할 것이다.

식물을 활용한 제약산업의 대표적인 예가 양귀비는 마약성 진통제, 버드나무는 아스피린, 병풀은 마데카솔, 양배추는 카베진, 미치광이풀은 키미테, 주목은 탁솔주, 인동꽃은 그린세라 등이다. 제약회사들이 공개하지 않았을 뿐이지 식물에서 추출한 성분을 응용한 의약품은 수없이 많을 것이다.

그래서 식물자원에 대한 기초연구가 중요한 것이다.

우리나라도 레드바이오, 그린바이오, 화이트바이오 산업을 국가 전략산업으로 키우고 있다.

약용식물은 종류가 너무 많아 일일이 열거할 수 없다. 약용식물 중 내가 관심이 많은 것은 항암식물, 항당뇨식물, 그리고 피를 맑게 해 주는 청혈식물과 염증을 억제해 주는 항염증식물이다.

옛날에는 원기를 북돋아 주는 식물과 보양식이 중요했지만 지금은 음식과잉섭취와 운동 부족으로 혈관염증을 예방하는 게 가장 중요하다.

최근 의학계에서 암, 당뇨, 우울증, 치매 등 많은 질병이 혈관염증에서 비롯된다는 주장이 많다. 어쩌면 비만도 혈관염증과 관련이 있을지도 모른다. 비만이 혈관염증과 관련이 있다면 비만치료제도 식물에서 충분히 구할 수 있을 것이다. 항암식물, 항당뇨식물, 청혈식물, 항염증식물을 정리하다 보면 공통분모가 되는 식물이 많다는 것을 알 수 있다. 4가지 질병을 개선하는 데 쓰이는 식물 중에 공통적으로 들어가는 식물이 많다는 것은 역추론을 해 보면 4가지 질병의 근원이 같다는 주장과 일맥상통한다.

항암식물과 항당뇨식물

항암식물	항당뇨식물
느릅나무, 꾸지뽕나무, 뽕나무, 겨우살이, 주엽나무, 회화나무, 오갈피나무, 생강나무, 버드나무, 산초나무, 화살나무, 참옻나무, 엄나무, 찔레나무, 해당화, 망개나무, 참죽나무, 개오동나무, 가래나무, 노박덩굴, 하고초, 와송, 바위솔, 질경이, 짚신나물, 하늘타리, 머위, 지칭개, 곰취, 어성초, 삼백초, 일엽초, 곰보배추, 까마중, 개똥쑥, 인동, 비트, 맥문동, 상추, 고구마, 부추, 마늘, 생강, 단호박 등	느릅나무, 꾸지뽕나무, 뽕나무, 화살나무, 생강나무, 국수나무, 망개나무, 화살나무, 엄나무, 찔레나무, 해당화, 쥐똥나무, 조릿대, 오갈피나무, 생강나무, 개오동나무, 주엽나무, 회화나무, 두릅나무, 여주, 돼지감자, 민들레, 하늘타리, 둥글레, 달맞이꽃, 황기, 백수오, 천마, 함초, 귀리, 시금치, 아마란스, 퀴노아, 고들빼기, 부추, 마늘, 생강, 양파, 가지, 우엉, 질경이 등

청혈(활혈)식물과 항염증식물

청혈(활혈)식물	항염증식물
꾸지뽕나무, 뽕나무, 참옻나무, 생강나무, 청가시덩굴, 벌나무, 주엽나무, 헛개나무, 오갈피나무, 망개나무, 찔레나무, 산초나무, 화살나무, 참죽나무, 구기자, 부추, 엉겅퀴, 민들레, 지칭개, 밀나물, 선밀나물, 하늘타리, 방풍, 도라지, 홍화, 호장근, 으아리, 노루오줌, 방가지똥, 머위, 당근, 생강, 냉이, 쑥, 마늘, 양파, 시금치, 브로콜리, 사과, 귀리, 인진쑥, 차조기, 당귀, 작약, 익모초, 황기, 삼지구엽초, 야관문, 우슬, 천궁, 삼백초, 금잔화 등	느릅나무, 꾸지뽕나무, 뽕나무, 참옻나무, 오갈피나무, 회화나무, 황벽나무, 벌나무, 헛개나무, 예덕나무, 버드나무, 주엽나무, 산초나무, 화살나무, 생강나무, 망개나무, 구기자, 좀작살나무, 쑥, 자소엽, 인동, 질경이, 쇠비름, 맥문동, 감초, 고들빼기, 민들레, 꿀풀, 인진쑥, 개느삼, 황기, 금잔화, 고수, 바질, 레몬밤, 오레가노, 파슬리, 브로콜리, 콩, 감자, 고구마, 시계초, 로즈마리, 어성초, 스피어민트, 벌개미취, 끈끈이대나물, 사위질빵, 풀솜대, 장대나물, 토마토, 시금치, 케일, 들깨, 양파, 마늘, 생강, 양배추 등

식물을 사랑할 때

독초정원

가정집에서 독초를 키우는 사람은 많지 않을 것이다. 자칫 산나물로 오인하고 먹으면 큰일이 일어날 수도 있다.

그러나 식용이 아닌 연구목적이라면 얘기가 달라진다.

영국의 생명공학연구소인 존 인스 센터(John Innes Centre) 연구진은 신경독성 아미노산인 옥살리디아미노프로피온산(ODAP)이 마비 증상을 유발하는 풀완두에서 독성 물질이 생합성되는 경로를 밝혀내고 독성을 없앤 신품종을 개발해 중동과 아프리카에서 시험 재배하고 있다.

풀완두는 척박한 땅에서도 잘 자라는 독성식물로 독성만 없앨 수 있다면 비가 부족하거나 염분이 많은 땅에서도 단백질을 제공하는 훌륭한 작물이다. 독성식물도 독성만 제거하면 훌륭한 약재로 쓰일 수 있기 때문에 지속적인 연구가 필요하다.

독초만 키우는 정원이나 식물원이 있을까?

영국 노섬벌랜드에 위치한 안위크 성이라는 고성에는 독초로 꾸며진 포이즌 가든(Poison Garden)이 있다. 성의 소유주인 12대 노섬벌랜드 공작부인 제인 퍼시가 생태 교육 목적으로 2005년에 영국 정부의 허가를 받아 조성한 곳으로, 양귀비 등 환각성 식물을 포함해 100여 종의 독초를 수

집해 재배하고 있다. 냄새를 맡거나 손으로 만지기만 해도 실신하는 사고가 발생할 정도로 위험한 독초가 많기 때문에 이 정원을 관리하는 정원사들은 반드시 머리부터 발끝까지 방호복과 각종 안전 장비로 완전무장을 해야 한다.

그럼에도 관광명소로 알려져 연간 80만 명 이상이 찾아온다고 한다니 발상의 전환이 대단하다.

포이즌 가든에서 만나 볼 수 있는 대표 식물로는 신경독(Neurotoxin)과 심장독(Cardiotoxin) 등 성분을 가진 투구꽃 속(Wolf's bane), 신경계를 공격하는 그레이아노톡신(Grayanotoxin) 성분을 가진 진달래 속 식물 등이 있다.

포이즌 가든 조성 목적은 식물의 용도 교육과 마약 피해를 예방하는 것이라고 한다. 독초는 귀중한 자원식물이다. 어떻게 어디에 사용하느냐에 따라 독초가 되기도 하고, 최고의 명약이 되기도 하고, 해충을 퇴치하는 살충제가 되기도 한다. 지금 사용되는 살충제 농약 중에도 상당수가 독초인 담배나 제충국에서 추출한 물질을 사용하고 있다고 한다.

최근 빈대 퇴치 방법을 찾느라 전 세계가 골머리를 앓고 있다. 빈대 퇴치에 효과적이라는 '이미다클로프리드(Imidacloprid)'는 사실 담배의 니코틴 유사화합물로 역시 살충제로 널리 쓰이고 있다.

우리나라 자생식물 중 독성식물로는 철쭉, 천남성, 초오, 박새, 여로, 멀구슬나무, 동의나물, 흰진범, 미치광이풀, 은방울꽃, 피나물, 아주까리, 털머위, 박쥐나물. 족두리풀. 오동나무, 여뀌, 반하, 할미꽃, 애기똥풀, 산괴불주머니, 도꼬마리, 윤판나물, 독미나리, 흰독말풀, 천사의나팔, 협죽도, 꽈리, 담배, 제충국, 박주가리, 미국자리공, 서양등골나물, 삿갓나물, 꿩의

다리, 수선화, 양귀비, 만병초 등이 있다.

　나는 어릴 때부터 아버지가 초오를 채취하면서 사약의 재료로 쓰인다는 얘기를 들었고, 염소가 철쭉 잎을 먹고 죽는 모습도 몇 번 보았다. 또 초피나무껍질과 여뀌를 이용해 물고기 잡아 보기도 했다. 그래서인지 자연스럽게 독초에 관심을 가지게 되었다. 언젠가는 안전 펜스를 설치해 독초정원을 만들어 볼 생각이다. 지금도 춘천에서 천남성, 초오, 은방울꽃, 피나물, 족두리풀, 할미꽃, 꿩의 다리, 윤판나물을 심어서 관찰하고 있다.

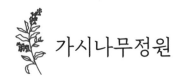

가시나무정원

우리 주변에 가시가 달린 나무가 의외로 많다. 가시가 달린 나무를 볼 때마다 왜 가시를 달고 있는지 궁금했다.

군부대를 가 보면 적의 기습침투를 막기 위해 친 가시철조망을 볼 수 있다.

그렇다면 가시나무는 어떤 적을 막기 위해 가시를 달고 있는 것일까? 가시를 달고 있지 않으면 생존을 보장받지 못할 만큼 동물이 좋아하는 무엇이 있는 것일까?

가시나무로는 주엽나무, 꾸지뽕나무, 장미, 해당화, 찔레나무, 두릅나무, 엄나무, 가시오가피, 초피나무, 산초나무, 탱자나무, 귤나무, 유자나무, 산사나무, 미국산사나무, 구기자나무, 골담초, 산딸기, 매자나무, 아까시나무, 보리수나무, 망개나무, 청가시덩굴, 호랑가시나무, 푼지나무, 커피나무, 비타민나무 등이 있다.

그런데 신기하게도 가시나무는 대게 약용식물이라는 것이다.

이 중 아버지가 밀양에 심은 나무로는 주엽나무, 꾸지뽕나무, 산사나무, 엄나무, 초피나무, 두릅나무, 골담초가 있고, 내가 춘천에 심은 나무로는 장미, 해당화, 산초나무, 초피나무, 주엽나무, 꾸지뽕나무, 두릅나무, 엄나무, 산사나무, 매자나무, 망개나무, 청가시덩굴 등이 있다.

언젠가 가시가 달린 나무만 모아서 '가시나무정원'을 만들어 보고 싶다.

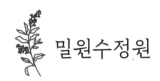

밀원수정원

나무 중에 꿀을 많이 생산하는 나무를 밀원수라 한다. 꿀벌의 식량자원인 밀원수가 많으면 무수한 벌과 나비들이 모여든다.

개화시기를 월별로 보면 동백나무(1~4), 매실나무(3~4), 산벚나무(4), 밤나무(5), 아까시나무(5), 층층나무(5~6), 고추나무(5~6), 이팝나무(5~6), 백합나무(5~6), 황벽나무(5~6), 칠엽수(5~6), 때죽나무(5~6), 감나무(5~6), 오동나무(5~6), 마가목(5~6), 참죽나무(6), 헛개나무(6), 피나무(6), 옻나무(6), 황칠나무(6), 산딸나무(6~7), 모감주나무(6~7), 다릅나무(7), 산초나무(7), 쉬나무(7~8), 자귀나무(7~8), 싸리나무(7~8), 붉나무(7~8), 엄나무(7~8), 회화나무(7~8), 두릅나무(8~9), 오가피나무(8~9) 등이 있다.

자연이 꿀벌을 먹여 살리기 위해서 그런지는 몰라도 밀원수의 개화시기를 보면 신기하게도 3월부터 9월까지 연이어 핀다는 점이다.

이 중 내가 생태관찰 목적으로 고추나무, 백합나무, 황벽나무, 쉬나무, 산초나무, 엄나무를 텃밭에 심었다. 오래전부터 있었던 회화나무와 함께 7종의 나무가 밀원수 역할을 하고 있다.

산초나무, 쉬나무, 황벽나무는 대표적인 나비의 기주식물이기도 해 나비 애벌레도 관찰할 수 있는 즐거움을 주는 나무다.

안타까운 것은 최근 들어 원인을 알 수 없는 꿀벌 집단폐사 현상이 계속 발생하고 있다. 꿀벌이 대수냐 하는 생각을 가질 수도 있지만 노벨물리학상을 수상한 아인슈타인은 "꿀벌이 사라지면 4년 안에 인간도 멸종할 것이다." 경고한 바 있다.

꿀벌 개체 수가 급감한 원인에 살충제로 인한 불면증도 한 원인이라는 연구결과도 있다. 영국 브리스톨대학교 제임스 호지 교수 연구진은 옅은 농도의 네오니코티노이드(Neonicotinoid) 살충제만으로도 꿀벌의 수면 리듬이 뒤바뀌어 일을 해야 할 낮에는 졸고, 자야 할 밤에는 더 활발하게 움직인다는 것이다.

인간과 마찬가지로 곤충도 수면의 질이 건강과 장기 기억 형성에 중요한 역할을 한다. 꿀벌은 사람과 생체주기가 비슷하여 하루에 5~8시간 잠을 잔다고 한다. 그런데 살충제 때문에 생체 주기가 손상되면 밤낮이 바뀌게 되고 결국 꿀벌 집단폐사의 원인이 된다는 연구결과도 있다.

'네오니코티노이드'란 '새로운 니코틴 물질'이란 뜻이다. 니코틴은 담배 같은 식물이 진화 과정에서 적의 침입으로부터 몸을 지키기 위해 스스로 만들어 내는 유해물질 중의 하나다. 네오니코티노이드계 농약이란 니코틴과 비슷한 물질을 주요 성분으로 하는 농약의 총칭이다

EU에서 사용금지 움직임이 일고 있는 데 반해 아직 우리나라에서는 소나무 재선충 방제약으로 사용되고, 빈대 퇴치약으로도 사용되고 있다.

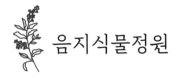

음지식물정원

식물의 생태 특성을 관찰하다 보면 양지를 좋아하는 식물, 반음지를 좋아하는 식물, 음지를 좋아하는 음지식물이 있다는 것을 알게 된다. 이러한 생태 특성을 이해해야 자생식물의 서식지를 알 수 있고 재배할 때나 조경을 할 때도 유용하게 활용할 수 있다. 대부분의 식물은 광합성 때문에 햇빛을 좋아하는 양지 식물이다. 그런데 빛이 거의 차단된 숲속을 가다보면 많은 식물을 볼 수 있다. 그러한 식물들은 햇빛이 잘 드는 곳에 심으면 잘 자라지 못한다.

음지식물로는 산삼, 삼지구엽초, 봉삼(백선), 족두리풀, 천남성, 초오, 바디나물, 맥문동, 고비, 옥잠화, 은방울꽃, 산수국, 처녀치마, 관중 등 고사리류, 이끼류, 피막이풀, 주름조개풀, 개여뀌, 으아리(위령선), 서양등골나물 등이 있다. 음지식물은 대게 군락을 형성해 자라는 경우가 많다. 나는 산행을 하다가 은방울꽃 군락지, 산수국 군락지, 관중 군락지를 발견한 적이 있다.

이러한 음지식물을 키울 때는 먼저 나무를 심어 그늘을 만든 다음 나무 밑에 심는 게 좋다. 최근 실내에서 식물을 많이 키우는데 대게 음지식물이다. 정원을 가꿀 때 음지식물을 잘 활용하면 멋진 정원을 만들 수 있다.

식물을 사랑할 때

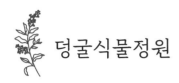

덩굴식물정원

나는 덩굴식물 관찰을 좋아한다.

수박, 참외, 호박, 오이, 수세미, 여주 등 농가에서 재배하는 과채류보다는 야생에서 자라는 덩굴식물을 더 좋아한다.

주변에서 흔히 볼 수 있는 덩굴식물로는 노박덩굴, 담쟁이, 청미래덩굴, 청가시덩굴, 능소화, 등나무, 푼지나무, 으름덩굴, 오미자, 키위, 다래, 개다래, 머루, 개머루, 새머루, 풍선초, 유홍초, 나팔꽃, 하늘타리, 인동, 시계초, 으아리, 큰꽃으아리, 쥐방울덩굴, 새삼, 미국실새삼, 참마, 단풍마, 박주가리, 하수오, 적하수오, 댕댕이덩굴, 사위질빵, 며느리밑씻개, 환삼덩굴, 가시박, 산딸기, 멍석딸기, 곰딸기, 줄딸기 등이 있다.

덩굴식물 중에 청미래덩굴, 개머루, 새머루, 개다래, 으름덩굴, 노박덩굴, 하늘타리, 인동, 시계초, 으아리, 쥐방울덩굴, 오미자, 새삼, 단풍마, 하수오, 적하수오, 댕댕이덩굴, 사위질빵, 환삼덩굴 등은 약용식물이다.

덩굴식물 중에 재미있는 식물이 많은데 나팔꽃도 그중 하나다.

나팔꽃은 얼마나 부지런한지 새벽 4시 전후로 꽃이 핀다. 저녁에 어둑해지면 순식간에 꽃이 피는 달맞이꽃에 비교하면 생체리듬이 정반대다.

호기심이 많은 나는 나팔꽃이 피는 시각을 눈으로 확인하기 위해 여름

날 새벽에 잠을 설쳐가며 전등을 들고 나간 적도 있다. 겨울에는 거실에서 씨앗을 심어 키워 본 적이 있을 정도로 나팔꽃에 관심이 많았다.

나팔꽃은 모양과 색감이 아름답고 자연교잡이 쉽게 일어나 변종이 무려 130여 종에 이른다.

나팔꽃의 이러한 특성 때문에 유전육종학자들의 관심의 대상이 되었다. 종의 합성 연구와 우량종자 개발에 헌신한 고 우장춘 박사도 일본 도쿄대 대학원에서 나팔꽃을 연구해 박사학위 논문을 썼으나 안타깝게도 화재로 논문이 소실되는 바람에 다시 유채꽃으로 주제를 바꾸어 박사학위 논문을 썼다고 한다.

일본은 식물강국답게 에도시대부터 나팔꽃에 대한 사랑이 유별났다고 한다. 요즘도 학생들이 여름방학 숙제로 나팔꽃을 심어 성장과정에 대한 관찰일지를 작성해 제출한다고 한다.

어릴 때부터 식물에 대한 관심을 갖도록 훈련시키는 것은 과학발전에도 중요한 역할을 한다. 어릴 때부터 식물에 호기심을 가지고 관찰하고 기록하는 습관을 들이면 성인이 되어 어떤 분야에서 연구를 하든 큰 도움이 되기 때문이다. 세계적인 생물학자 베른트 하인리히의 부모처럼 맵시벌 관찰이 취미라서 자연스럽게 자식에게 영향을 미치면 좋겠지만 학부모가 식물이나 곤충관찰의 취미가 있는 사람이 거의 없기 때문에 학교에서 이를 대신하는 것이다.

"세 살 버릇이 여든까지 간다."는 말이 있듯이 어릴 때의 습관은 평생 가기 때문에 나팔꽃 숙제를 통해 어릴 때부터 관찰습관을 가르치는 것이다.

다른 식물에 빌붙어 기생하는 새삼과 미국 새삼의 생존방식은 놀랍다.

식물을 사랑할 때

씨앗은 땅에서 발아하지만 일단 기생식물에 올라붙으면 땅속의 뿌리가 없어진다.

'식물계의 드라큘라'로 불리는 새삼을 보면 파부침주(破釜沈舟)라는 중국의 고사성어가 떠오른다.

밥 지을 솥을 깨뜨리고 돌아갈 때 타고 갈 배를 가라앉힌다는 뜻으로 살아 돌아오기를 기약하지 않고 결사적 각오로 싸우겠다는 굳은 결의를 새삼의 생존방식에서도 볼 수 있기 때문이다.

가시박은 외래 유해식물로 번식속도가 너무 빨리 전국의 지자체에서 골머리를 앓고 있다.

내가 사는 춘천에도 가시박이 빠른 속도로 번지더니 하천 주변과 도로변을 점령해 버렸다. 가시박의 번식억제 방법을 찾아내면 대박이 날 것이다.

종족번식에 있어 박주가리를 따라갈 식물은 민들레를 제외하고는 없을 것 같다. 길가에서 흔히 볼 수 있는 민들레 씨앗은 얼마나 멀리 날아갈 수 있을까?

'네이처'라는 학술지에 실린 '민들레 씨앗의 유체역학'에 관한 영국 에딘버러대학 과학자들의 연구결과에 따르면 100킬로미터까지 날아간다고 한다. 영국의 과학자들이 한가한지 어떤지는 모르겠지만 민들레 씨앗이 어떻게 공기저항을 만들어 오래 비행할 수 있는지 알아보기 위해 풍동실험을 해서 얻은 결론이다.

연구결과를 실은 네이처지 사설에는 영국의 시인 윌리엄 블레이크의 시를 인용하면서 마무리했다고 한다. "우리가 뻔하다고 생각하는 대상에도 여전히 비밀이 숨어 있다."

이 내용은 강석기 과학칼럼리스트가 2018년 11월 7일 자 동아사이언스에 소개한 글 중에 일부다. 나도 평소에 식물을 관찰하면서 당연하다고 생각하는 것에 신의 오묘한 섭리가 숨어 있다고 생각한 적이 많았다.

식물을 사랑할 때

8.

모든 길은
식물로 통한다

모든 길은 식물로 통한다

모든 길은 로마로 통한다는 말보다는 "모든 길은 식물로 통한다."는 말이 더 진실에 가깝다고 생각한다. 이 말은 유명한 사람이 한 말이 아니라 내가 만들어 낸 말이다.

성경 창세기 1장 11~12절에 "하나님이 이르시되 땅은 풀과 씨 맺는 채소와 각기 종류대로 씨 가진 열매 맺는 나무를 내라 하시니 땅이 풀과 각기 종류대로 씨 맺는 채소와 각기 씨 가진 열매 맺는 나무를 내니 보시기에 좋았더라."라고 기록되어 있다. "좋았더라"라는 표현은 인간이 보기에 불필요한 식물로 보일지라도 창조주 하나님이 보시기에 모든 식물은 제각기 다 쓸모가 있다는 것이다. 다시 말하면 이유 없이 창조한 식물은 없다는 것이다.

곰곰이 생각해 보면 식물 없이는 인간을 포함한 동물도 곤충도 살 수 없을 것이다. 인간에게 물, 공기만큼 중요한 게 식물이다.

창조주가 만든 식물과 그 열매에는 탄수화물, 지방, 단백질, 비타민, 미네랄 등 인간에게 필요한 모든 영양소들이 들어 있다.

단순히 먹거리를 제공해 주기 때문만은 아니다. 질병을 치유하는 것도 식물이고 정신적 위안과 즐거움 주는 것도 식물이다. 인간의 호기심을 자

　　　　　　　　　　　　　　식물을 사랑할 때

극하고 상상력을 자극하는 것도 식물이다.

텃밭에서 가족들이 봄부터 심고 가꾼 상추, 고추, 토마토, 오이 등을 수확해서 가족끼리 즐거운 식사를 한다면 이보다 더한 즐거움은 없을 것이다. 진수성찬이 아니어도 텃밭에서 가족들이 땀 흘려 가꾼 채소를 맛보는 그 자체가 큰 즐거움이다.

또한 식물은 사람끼리 연결시켜 주는 매개체이기도 하다. 서로 낯선 사람이라도 식물이라는 매개체를 통해 서로 마음의 문을 쉽게 열고 대화를 하게 된다. 가족 간에도 식물을 키우고 정원을 가꾸면 더 많은 대화를 하게 된다.

정치적인 논쟁이나 종교적인 논쟁보다는 식물 이야기를 하면 서로에게 훨씬 편한 마음을 갖게 된다. 또한 흙을 만지면서 식물을 가꾸면 마음이 선해지게 된다. 나는 여태까지 꽃을 가꾸면서 남을 험담하는 사람을 보지 못했다. 나 역시도 식물을 가꾸면서 남을 비난하거나 험담하지 않는다. 아예 남 이야기 자체를 하지 않는다.

옛날부터 우리나라 선비들은 '매난국죽' 또는 '매송국죽'을 집 뜰에 심거나 수묵화와 시 한 수를 곁들인 병풍그림을 방안에 들여놓고 감상하며 살았다. 집 밖에 나가면 지천으로 늘린 게 식물인데 집 뜰에 심고 그것도 모자라 방 안까지 들여놓고 살았다는 것은 식물이 정신을 아름답게 하고 고매하게 하는데도 도움이 된다고 믿었기 때문이다.

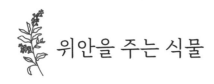

위안을 주는 식물

정원이 없는 도시 사람들은 최근 집 안에서 식물을 키우는 사람들이 급증하고 있고 식물 관련 서적들도 그 어느 때보다 많이 출판되고 있다. 그만큼 식물에 관심이 많아졌다는 증거다. 나 역시 식물을 돌보거나 식물 관련 책을 볼 때 그 어느 때보다 마음이 편안해진다.

왜 사람들은 시간과 노력을 들여 식물을 찾고 식물을 가꾸는 것일까? 그 이유는 본능적으로 식물을 보면 기분이 좋으니까 그럴 것이다. 반려동물을 돌보는 것과 마찬가지로 식물도 돌봄으로써 식물과 교감을 하게 된다. 만약 식물을 보면 우울해지거나 혈압이 오르고 스트레스가 쌓인다면 아무도 식물을 찾지 않을 것이다.

요즘 특히 우울증으로 힘들어하는 사람이 주변에 많다. 내가 아는 사람 중에도 자살로 생을 마감한 분이 몇 분이나 된다. 항우울제 처방을 받거나 정신과 상담을 받는 사람이 급격히 증가하고 있다. 우울증 환자가 급증하다보니 화이자, 일라이릴리, 룬드벡 같은 제약회사가 개발한 우울증 치료제 수요가 증가하고 있고 국내외 많은 제약회사들도 새로운 치료제 개발에 나서고 있다. 우리나라의 경우 2022년 병원에서 진료 받은 우울증 환자 수만 해도 100만 명을 넘어섰고, 10명 중 약 4명이 우울증(유병률

36.8%)을 겪고 있는 것으로 추정된다는 통계도 있다. 갤럽 조사에 의하면 미국인의 약 10%가 우울증을 진단받고 치료 중이라고 하니 우울증 환자가 얼마나 많은지 알 수 있다. 문제는 우울증의 원인이 무엇인지 알 수 없고 완전한 치료제도 아직 개발되지 않았다는 것이다.

　사실 우울증은 경험을 해 본 사람이 아니면 우울증 환자들의 심적 고통이 얼마나 큰지 이해할 수 없다. 경증우울증은 감기처럼 지나간다고 하지만 중증우울증에 걸리면 절벽에서 겨우 버티고 있는 것 같은 느낌이거나 깊은 심연으로 빠져 들어가는 느낌이라고 한다. 온통 부정적인 생각으로 가득차고, 주체할 수 없는 슬픔과 공포에 시달리고, 불면증과 무기력이 반복되고, 식욕이 없어지고 급기야 자살충동을 느낀다고 한다. 내가 본 우울증 관련 책 중에는 저널리스트이자 심리학자인 앤드루 솔로몬이 쓴『한낮의 우울』이라는 책이 최고였다. 국내에서도 우울증 분야에서 최고의 책으로 평가받고 있으며, 우울증 환자들의 투병기 등 우울증에 관한 모든 것을 생생하고 깊이 있게 다루고 있어 우울증 환자를 이해하는 데 큰 도움이 된다. 나는 전문가는 아니지만 우울증에 대해 많은 관심을 가지고 있다. 우울증의 원인을 알 수 없지만 어릴 때 성장환경이 큰 영향을 미칠 것이라는 생각과 사람이 살아가는 주거환경과 생활방식 또한 많은 영향을 미칠 것이라는 생각을 가지고 있다. 내가 치유농업이나 원예활동에 많은 관심을 갖는 것도 이 때문이다.

　현대 정신의학 및 작업치료 권위자였던 벤자민 러쉬는 1812년 그의 책 『마음의 질병』에서 "원예활동이 정신건강에 긍정적인 영향을 준다."고 주장했다.

　월든의 저자 소로우는 "자연 가운데 살면서 자신의 감각 기능을 온전하게 유지하는 사람에게는 암담한 우울이 존재할 여지가 없다."고 했다.

미국의 식물학자 루터 버뱅크(Luther Burbank)는 "꽃들은 언제나 우리를 좀 더 건강하고, 행복하고, 유익하게 만들어 준다. 꽃들은 햇살이고, 우리 영혼의 음식이자 치료제이다."라고 했다.

우울증을 겪었던 독일의 시인 헤르만 헤세와 프랑스 화가 클로드 모네와 극심한 정신질환을 앓았던 네덜란드 화가 반 고흐도 식물에서 큰 위안을 찾았다.

'현대의 찰스 다윈'이라고 불리었던 사회생물학자 에드워드 윌슨은 "인류는 오랜 기간 사방이 트인 초지 및 군데군데 자리한 잡목림과 강이나 연못에 밀집한 나무들로 구성된 사바나 지역에서 진화하며 살아왔으며, 인류가 의지해 온 서식환경에 대한 애정으로 사람들은 본능적으로 그와 비슷한 환경에서 안도감을 느끼고 이끌린다."고 한다.

한편 "이러한 성향은 인간으로 하여금 자연 및 생물과 함께할 때 정신적·신체적으로 행복감과 편안함을 느끼게 하는 데 비해, 그렇지 못할 경우 스트레스와 우울증에 노출되게 하고 공격적 성향을 띠게 만든다."고 한다.

이와 같은 저명한 인사들의 주장은 인간은 본능적으로 식물을 좋아할 수밖에 없고, 현대인들이 식물을 가까이하면 정신적으로 안정되고 회복을 얻을 수 있음을 방증하는 것이다.

앞으로 테크 기업이 주도하는 AI시대는 고도의 기술과 지식을 갖춘 인재에 대한 수요가 높아지면서 도시집중현상이 가속화될 수밖에 없고, 컴퓨터 작업시간이 늘어나 자연과의 접촉은 지금보다 더 멀어져 물질적으로는 풍요로울지 몰라도 정신적으로 더 불안하고 우울한 시대가 될 것이다. 사람들의 마음이 불안하고 복잡할수록 단순하면서도 편안함을 주는 자연과 식물을 찾을 것이다.

AI시대를 살아가는 인간에게 가장 필요한 것은 식물과 자연을 통해 정신건강을 유지하는 것이다.

영국의 시인 겸 화가였던 윌리엄 블레이크(1757~1827)의 시 〈순수의 전조(Auguries of Innocence)〉에 "한 알의 모래 속에 세계를 보고 한 송이 들꽃 속에 천국을 보라. (To see a World in a Grain of Sand And a Heaven in a Wild Flower)"는 내용이 나온다.

식물은 자세히 들여다보면 꽃만 아름다운 게 아니라 봄에 찬바람을 뚫고 나오는 새싹과 가을에 떨어지는 낙엽 등 철따라 변하는 모든 것이 아름답다. 우주의 섭리와 천국이 어쩌면 그곳에 있을지도 모른다.

내가 다니던 교회에 오랫동안 암투병을 해 온 목사님은 겨울이 되면 면역력이 떨어져 겨울나기가 무척 힘들다고 한다. 그때마다 "내년 봄에도 아름다운 꽃을 볼 수 있을까." 하는 생각이 들 때가 있다고 한다. 암투병 환자에게도 봄에 피는 한 송이 들꽃이 생명의 기운이자 희망인 것이다. 식물은 오 헨리의 『마지막 잎새』에 나오는 담쟁이 잎처럼 꺼져가는 생명의 기운을 붙잡고 되살리는 희망이 될 수도 있다.

독서욕을 자극하는 식물

식물찰관이 독서욕구를 자극한다고 하면 의아하게 생각할 것이다.

잎, 줄기, 가시, 꽃, 향기, 열매, 단풍과 같은 식물의 여러 가지 특징과 식물 속에 숨겨진 다양한 비밀을 관찰하다 보면 식물의 신비한 세계에 빠져든다.

육안으로 보이는 식물세계만 관찰해도 마법에 싸여 있는 것 같은데 우리가 알 수 없는 보이지 않는 놀라운 식물의 세계가 있음이 밝혀지고 있다.

최근 캐나다 컬럼비아대 수잔 시마드 교수는 숲의 나무들은 균근균(Mycorrhizal Fungi)으로 연결돼 있으며 나무들이 땅속 경로 체계로 연결돼 거미줄처럼 얽힌 채 서로에게 의존하고 있다고 한다.

나무와 나무가 서로 연결되어 신호를 주고받으며 공생한다는 것은 상상만 해도 놀랍고 신기한 일이다.

세계적인 생물학자 베른트 하인리히 교수는 38세에 캘리포니아주립대 정교수가 됐지만 3년 만에 그만두고 고향 메인주로 돌아간 이유는 이렇다. "어릴 때처럼 이 세상을 자세히 살피고 탐험하기 위해, 상쾌하고 맑고 영원한 마법에 싸인 세상 그 생생함을 다시 맛보기 위해서."라고 했다.

"영원한 마법에 싸인 세상"이라는 말에는 동심을 잃지 않은 하인리히 교

식물을 사랑할 때

수의 호기심과 탐구정신이 느껴진다.

인간이 태어나서 죽을 때까지 영원한 마법에 싸인 자연에 관심을 가지고 있는 사람은 거의 없을 것이다.

어린아이와 같은 순수한 동심이 있어야 영원한 마법에 싸인 자연의 모습을 볼 수 있는 것일까?

〈투스카니의 태양〉이라는 영화를 보면 캐서린이 프란시스에게 한 말 중에 "넌 여러 방향으로 갈 수 있는 공처럼 살아라. 절대 동심을 잃지 말아라. 그럼 갈 길이 보일 것이다."라는 말을 하고, 나중에 또 한 번 "무슨 일이 있든 순수한 동심을 잃지 마라. 그게 가장 중요한 것이다."라는 대사가 나온다.

동심 따위가 무슨 소용이 있느냐고 할지 모르지만 동심을 가진 사람만이 마법에 싸인 자연의 아름다움을 느낄지도 모른다.

위대한 예술가와 문학가 중에 식물을 좋아하는 사람이 많다. 퇴계 이황은 72제 107수의 매화시를 남겼다. 다산 정약용은 유배 생활 18년 동안 500여 권에 달하는 저술을 남겼다. 프랑스 화가 모네는 수련 그림만 250점 이상 그렸다. 고흐는 아이리스, 해바라기, 아몬드나무, 사이프러스, 플라타나스 등 식물이 그린 수많은 걸작을 남겼다. 클림트는 자작나무숲, 소나무숲, 장미가 있는 과수원, 해바라기가 있는 농장정원 등 식물이 있는 풍경 작품을 남겼다.

식물을 좋아하는 사람은 독서욕구가 강할 수밖에 없다. 나는 식물을 관찰하면서 생기는 의문 때문에 식물학, 생태학, 본초학, 조경학 등 다양한 분야의 책을 보게 되었다. 그러한 책을 통해 식물 관련 지식을 배우게 되고 다시 식물과 곤충을 들여다보면 예전에 내가 본 식물과 동물이 다르게

다가온다.

내가 한 해 몇 권의 책을 읽어야겠다는 계획을 세울 필요가 없다. 식물을 관찰하다 보면 궁금해서 견딜 수 없고, 궁금증을 해소할 수 있는 책을 계속 찾게 된다. 국내에 책이 없으면 아마존 사이트를 검색해서 원서를 찾게 되는 경우도 많다. 그러니 독서에 대한 스트레스가 있을 수 없다.

식물을 관찰하지만 책을 읽지 않으면 겨울에 성장을 멈춘 나무처럼 사람의 생각도 거기서 멈추게 된다.

식물을 관찰하다 보면 끊임없는 호기심이 생긴다. 하다못해 식물과 곤충 이름이라도 알려면 검색포털이나 유튜브에 검색이라도 하게 된다. 그런데 더 깊이 더 정확하게 알려면 책을 볼 수밖에 없다.

지적 호기심을 해결하기 위해서는 결국은 책으로 돌아갈 수밖에 없다.

역으로 책을 좋아하고 글쓰기를 좋아하는 사람 중에는 식물을 좋아하는 경우가 많다. 이황, 정약용, 법정스님, 임포, 헨리 데이비드 소로우, 스콧 니어링, 베른트 하인리히, 괴테, 헤세, 다윈, 파브르 등이 있다.

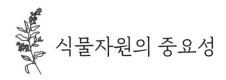

식물자원의 중요성

만약 지구에 사람이 없으면 어떻게 될까? 그리고 식물이 없으면 어떻게 될까? 아마도 사람이 없는 지구는 더 아름답게 복원되겠지만 식물이 없는 지구에는 사람은 물론이고 조류, 곤충 등 많은 생명체도 살 수 없을 것이다.

신기하게도 식물과 인간을 창조한 창조주는 인간에게 질병의 고통을 주기도 하지만, 먹고 살 수 있는 식물을 창조하고 각종 질병을 치료할 수 있는 물질을 식물 속에 꼭꼭 숨겨 두었다.

말라리아 치료제로 쓰이는 퀴닌은 열대우림에서 자라는 기나나무의 껍질에 숨겨 두었고, 아스피린은 서양 조팝나무와 버드나무의 껍질에, 모르핀 같은 마약성 진통제의 원료인 아편은 양귀비꽃 열매에 숨겨 두었다.

뇌전증 치료제인 에피디올렉스, 에이즈환자의 식욕부진 완화제인 마리놀, 항암치료 후 구역 구토증상 해소 치료제인 나빌론, 다발성경화증 환자의 경련완화제 사티벡스는 대마에 숨겨 두었다. 의료용 대마에 대한 관심이 높아지고 있는 것은 이 때문이다.

신종인플루엔자 치료제로 유명한 타미플루도 중국에서 자라는 팔각회향 열매에, 에이즈 환자의 설사 치료제인 풀리작은 아마존 지역에서 자라는 용혈나무에, 생식기 사마귀 치료제인 베르겐 연고는 녹차 잎에, 상처 치료제인 마데카솔 연고는 병풀에, 혈액순환제로 사용되는 키넥신과 타나민은 은행나무 잎에, 잇몸 치료제인 인사돌은 옥수수에, 진해거담 제거제로 사용되는 푸로스판은 아이비 잎에, 회충 구충제인 산토닌은 시나(Cina)꽃에 숨겨두었다.

창조주는 하나의 식물에서 치료제를 얻을 수 있도록 한 경우도 있지만 복잡한 수수께끼를 풀어야만 치료제를 얻을 수 있도록 한 경우도 있다.

앞으로 어떤 제약회사가 AI를 통해 창조주가 낸 수수께끼를 얼마나 빨리 풀어낼지가 관전 포인트가 될 것이다.

내가 어릴 때만 해도 식물이나 곤충을 보고 궁금한 게 있어도 어디 가서 물어볼 곳이 없었고 돈이 없으면 배울 수가 없었다.

지금 전개되고 있는 AI시대에는 관심과 호기심만 있으면 무엇이든지 배우고 도전할 수 있는 세상이 되었다.

이런 시대에는 식물을 가까이하면서 가지게 되는 무한한 지적 호기심이 학교에서 배우는 정형화된 지식보다 더 중요할 것이다.

식물을 사랑할 때